赵德馨经济史学研究述评

邬昶俊　朱培灵　唐　韬　著

九 州 出 版 社
JIUZHOUPRESS

图书在版编目（CIP）数据

赵德馨经济史学研究述评 / 邬昶俊，朱培灵，唐韬
著. -- 北京 ：九州出版社，2022.6
ISBN 978-7-5225-0937-2

Ⅰ．①赵… Ⅱ．①邬… ②朱… ③唐… Ⅲ．①中国经
济史－研究 Ⅳ．①F129.7

中国版本图书馆CIP数据核字（2022）第079013号

赵德馨经济史学研究述评

作　　者	邬昶俊　朱培灵　唐　韬　著	
责任编辑	云岩涛	
出版发行	九州出版社	
地　　址	北京市西城区阜外大街甲35号（100037）	
发行电话	（010）68992190/3/5/6	
网　　址	www.jiuzhoupress.com	
印　　刷	定州启航印刷有限公司	
开　　本	710毫米×1000毫米　　16开	
印　　张	11.25	
字　　数	204千字	
版　　次	2022年6月第1版	
印　　次	2022年6月第1次印刷	
书　　号	ISBN 978-7-5225-0937-2	
定　　价	68.00元	

　　中国的经济历史有着源远流长的发展过程，从远古人类开始在中国这片大地上生活，及至开展生产、食物的分配、部落的形成等，至今未曾"断流"。作为一门完整的学科，中国经济史学（亦简称"中国经济史"）是年轻的，它缘起于"西学东渐"，兴盛于"五朵金花"，后沉寂十多年，又随着"解放思想、实事求是"以及西方经济理论的传入再度崛起，至今也不过不到百年的历史。

　　赵德馨教授是中华人民共和国成立以后成长起来的第一代经济史学工作者，是中华人民共和国经济史学科的开创者与奠基人，是创建"中国经济发展学"的倡导者与先行者，被同行学者誉为"经济史学界一通才"。他在经济史学的多个研究领域取得了极高的建树。赵德馨教授从1956年完成经济史专业研究生班的学习至今，已出版7部专著、1部专题论文集、2部论文选、3部合著、2部资料汇编，主编书7种，发表论文220余篇。他在进行学术研究的同时，十分注重经济史学科的教学工作。他先后编写并出版了5本经济史教材，并首次在国内高校开设了中华人民共和国经济史和中国近现代经济史课程。已故国内著名经济史学家汪敬虞先生曾致信赵德馨，"经济史学界，……囊者北京、武汉、上海、天津，并称四镇。……昔日争辉，今唯两教授（指赵德馨、周秀鸾夫妇）之支撑，武汉得以独步天下"。

　　60多年来，赵德馨教授砥砺治史，只为完成自己在研究生毕业时定下的目标：回答经济史学是一门什么样的学科以及回答中国经济是怎样发展过来的。即使他已于1998年从工作岗位退休，但他依然没有在教书育人和学术研究上"退休"，至今已完成国家课题5个、省级课题5个、自定课题3个。

　　本书从经济史学科建设的角度出发，通过赵德馨教授公开发表的学术成果与进行的教学实践，围绕他对"经济史学是一门什么样的学科，中国经济是怎样发展过来的"两个问题的解答，追寻他的学术研究路径和对构建经济史学科体系的构想，分别梳理他在经济史学科研究和经济史学科建设两方面所取得的成果。

按照以上的思路，本书共包括四个方面的内容：

第一部分为导论，主要论述研究目的与意义，对目前学界关于赵德馨教授的治学特点、对他的研究成果的述评等内容进行学术回顾。

第二部分为第一章，重点分析赵德馨教授对经济史学科结构的界定，以此作为全书的分析框架。

第三部分是本书的主体，包括第二、三、四章，按照赵德馨教授对经济史学科结构层次的划分，分别梳理赵德馨教授对经济史学科各分支学科在研究和学科建设两方面取得的成果与进行的实践，进而突出他在中国经济史学术研究领域取得的成就。

第四部分是结语部分，对赵德馨教授在经济史学科建设方面所进行的学术研究与教学实践进行了总体式回顾，梳理了到目前为止他建设经济史学科的历史过程和取得的成就。

由于时间仓促，本书难免存在不足，恳请广大读者批评指正，以便修订时更正和改进。

Contents
目 录

I

导 论

第一节　选题的目的与意义

本书预期达到以下目的：第一，对赵德馨教授经济史学研究的内容做全景式展示。第二，理清赵德馨教授学术研究的发展过程。第三，梳理赵德馨教授为推动经济史学科的发展而进行的实践。最终在以上三点的基础上全面论述赵德馨教授所取得的学术成就。

选题的意义主要有两点：其一，全面展示赵德馨教授关于经济史学的研究成果，填补当前学界的研究空白。其二，在全面述评赵德馨教授经济史学研究成果的基础上，为后续经济史学科的研究提供理论基础与可供参考的治学经验与方法。

第二节　研究现状述评

赵德馨从20世纪50年代开始从事经济史学的研究工作，至今已有60余年。他的学术成果既有贯通古今的经济史实研究，又有解释中国经济发展规律的理论研究，还有以经济史学科为研究对象的经济史学概论研究。其研究成果，不论是对中国经济的发展与建设，还是对中国的经济史学、经济学以及历史学，都具有重要的参考价值。目前，学术界关于赵德馨学术成果的研究，主要集中在他的学术特点与部分专题研究上，缺乏系统、全面的梳理与探析。具体而言，目前的研究主要集中在以下几个方面。

一、治学特点

关于赵德馨治学特点的研究，主要体现在以下两个方面：一是通过梳理专题研究成果，在此基础上再做评述；二是通过著作评价来体现。本部分主要对上述第一方面的内容进行综述，第二方面的内容在后文对其专著的评价文章进行综述时再做介绍。

"求通"是赵德馨一贯的学术追求。"通"也是他最主要的学术特点。他的学术成果，在时间上通古今，在空间上通全国，在经济上通各个部门、各个要素及其相互关系。

李根蟠（2004）将赵德馨誉为"经济史坛一通才"，并且认为他的"通"主要体现在以下三个方面：一是体现在通论和通史的写作上；二是体现在断代和专题的研究上；三是表现在赵德馨教授对各种理论和方法的博采兼收和融会贯通上。

李运元（2003）认为，赵德馨的研究不仅仅是内容上的"通古今"，而是在"深入研究经济史理论而'立足于今''着重于今'的基础上的'通古今'。这在过去和当今中国经济史学界都是'独一无二的'"。因此，赵德馨是一位难得的"通古今之变"的经济史学工作者。

赵德馨的"通"是以专题研究为基础的。

张俊华（2003）认为，赵德馨研究经济史的显著特点是在专题研究的基础上，对国民经济整体运行过程进行综合研究。他的专题研究既包括先秦、两汉，又包括清代、中华民国，还包括1949年以来中国的经济发展。这在"中国经济史学界，唯他一人；在经济学界和历史学界，也是唯他一人"。

易棉阳（2013）梳理了赵德馨在"求'通'主'专'"方面所取得的学术成果。他认为，赵德馨在实证性经济史方法方面有突出成绩，可称历史学家，在分析性经济史方法方面有建树，便是经济史学家，在经济史论上有贡献，就是经济学家。因此，他不仅是"经济史坛一通才"，还是"经济史坛一全才"。

王玲（2012）通过回顾赵德馨编写的《中国近代国民经济史讲义》《楚国的货币》《黄奕住传》《张之洞全集》等著作的研治经历，介绍了赵德馨"求真、求实、科学严谨"的治学精神与"学必期乎贯通"的治学特点。刘建生、林柏（2012）认为，赵德馨扶持后辈、认真严谨、博古通今的大家风范令他们受益良多。其中最有感触的地方有三个：第一，认真严谨、勤奋刻苦的治学精神。第二，博古通今的学术实力、开阔宽广的学术视野和不断创新的治学风格。第三，砥砺治史的同时关注当下的人文情怀。

赵德馨经济史学研究的第二个特点是"新"。他的"新"表现在新材料、新观点、新视角、新范式等方面。

刘经华（2003）在评价赵德馨最具影响的两个学术成就时指出，赵德馨提出的"经济史学概论"，填补了经济史学科的空白，为科学的中国经济史学构建了新的结构性解释范式。

董志凯（2012）认为，赵德馨在经济史学研究中的创新体现在三个方面：一是立足当代，打通古今。二是注重史料发掘，即使是老的题目，也要根据新史料提出新见解。三是着力于理论的提炼与提升，探索与揭示历史发展中带有规律性的启示。

苏少之（2003）认为，赵德馨治学的目标和特点主要是在对经济史实深入研究的基础上，对中国各个历史发展阶段经济生活的演变特点做出新的概括，抽象出新的经济发展模式、经济学范畴与理论，改善中国经济学界死守僵化教条的沉闷局面与消除食洋不化、虚假繁荣的泡沫，创造出中国特色的经济理论，特别是建立中国特色社会主义经济理论体系。

赵德馨研究中国经济史学的第三个特点是求真、求是。

李运元（2003）认为，赵德馨甘冒"闯禁区"的风险，深入研治现代经济史，具有秉笔直书的"良史"风范和"求真求是"的修史精神，其主持编写的现代经济史是时代所需要的"信史"。

班耀波（1992）认为，赵德馨的研究工作总是紧紧地追随历史前进的步伐，追求历史与现实的交汇。赵德馨是一位不知疲倦、治学严谨、不断前进的学者。戴一峰（2003）将赵德馨的治学风格总结为"虚怀若谷、严谨治学；实事求是、勇闯禁区"。

二、专题研究

赵德馨的专题研究是为求通服务的，他在中国古代经济史、近代经济史和现代经济史领域都做过专题研究。

李根蟠（2004）以赵德馨商品经济史研究的发展为线索，展示了赵德馨在专题研究的基础上贯通古今的"商品货币关系—商兴国兴论—经济现代化两层次学说"研究。同时，李根蟠认为，赵德馨以"跟随论"与"沉淀论"相统一的理论为指导主持编写的《中国经济通史》，在时间上、下限选择上，较同期出版的同类著作，更与"通古今之变"的精神相契合。在分析历史过程时，既注重分析经济历史的发展规律，又注重经济历史中人的作用，是"究天人之际"精神的延伸和发展。

葛金芳（2003）以赵德馨教授对商品经济和经济现代化问题的研究为对象，分别梳理了赵德馨在《两汉的商品生产和商业》《商品货币关系发展水平与生产结构的关系——以公元1世纪前后为例》《中国近代国民经济史讲义》《中国近代国民经济史教程》《世界经济大危机与湖北农产品商品化》等成果中所进行的学术突破与创新，论述了赵德馨"经济现代化两层次学说"由产生到成形的理论演进路径。

刘经华（2003）分析了赵德馨在中国现代经济史学方面的研究成果，认为他提出的"经济现代化两层次学说"通过"经济现代化"这条中心线索，抓住了中国自鸦片战争以来的经济发展的核心内容。对于经济史学的研究与教学而言，具有突出的理论意义——确立了经济史学研究与教学的重点或中心内容。他的"经济史学的研究既要跟随历史的步伐前进，又要符合科学的规范"，给予历史与研究者本身沉淀的时间，对于历史学界、经济史学界关于"是否应该研究当代史"的疑问，给出了肯定且科学的解答。

杨家志（2000）回顾了赵德馨提出"流通论"的历史背景，梳理了"流通论"的主要内容，认为"流通论"的提出主要基于三个方面：首先是在总结中国自1978年以来的市场导向的经济体制改革的认识成果基础上提出的；其次是在总结自1917年俄国十月革命以来，社会主义国家经济建设经验基础上提出的；最后是在总结自15世纪欧洲文艺复兴以来，人类工业文明取代传统农业文明的历史经验基础上提出的。

赵德馨的夫人周秀鸾教授在《赵德馨学术研究梗概》中，对其专题研究做了系统的梳理。

易棉阳（2013）按照赵德馨经济史学研究成果的类型，分别述评了赵德馨在实证性经济史、分析性经济史与经济史论方面所做的专题研究。苏少之、杨祖义在《赵德馨与中国经济史学》中，对赵德馨在中华人民共和国经济史学领域的学术成果做了系统的评述。

张晓玲（2012）系统地梳理了赵德馨教授在经济史学概论研究方面的理论成果，展现了赵德馨在开创这门新学科中所做的努力和所取得的学术成就，直观地展示了赵德馨为推动中国经济史学科的建设而构建的理论框架。

三、著作评价

1958年至今，赵德馨已出版7部专著、1部专题论文集、2部论文选、3部合著、2部资料汇编，主编书7种。关于其著作的评价，如下所述。

（一）《中国近代国民经济史讲义》

《中国近代国民经济史讲义》（以下简称《讲义》）虽被冠以"讲义"二字，但却是中华人民共和国成立后第一部系统地研究中国近代国民经济史的专著。同时，是"文革"前由高教部推荐、高等教育出版社公开出版的唯一一本经济史学专著，并且先后被译为英、日等文。日译本译者们认为，《讲义》是1949年以后中国近代经济史研究中的一个典型。译者之一松野昭二认为，《讲义》不限于一般的概说，具有比较完整的体系，引用翔实的史料、资料进行详述。据松野昭二回忆，就《讲义》日译本的信息，他们曾在当年日本历史学界的"回顾与课题"学术动态会上做过介绍，《讲义》在会上引起了日本历史学界、有关人士的兴趣，并得到了好评。《讲义》日译本先后出版发行了 4000 部，在日本，专业著作的平均发行量一般在 1200 部左右，这说明除学者、研究者外，还受到了大学生等人群的广泛欢迎。

英译本译者们在《译者序》中写道："作为对 19 世纪和 20 世纪中国经济史的一个初步的概述，这本书中的丰富资料和信息会很有帮助。"他们希望《讲义》英译本能够使研究中国的美国学者们了解中国共产党人所使用的分析方法、手段以及阐述和见解。

（二）《中华人民共和国经济史纲要》

黄希源（1988）认为，从《中华人民共和国经济史纲要》（以下简称《纲要》）的整体编纂意识来看，它的作者是力图在自己的研究和写作中，较好地体现"惩前毖后"这个治史的崇高目的。其优点主要有：一是从继承和变化的辩证统一中把握历史发展的阶段性；二是寓评论于叙述之中，让史料说话，减少空论；三是对史料取舍得当，使其重点突出，要言不烦；四是书后精心汇编了一套简明扼要的统计图表，列为附表，有助于读者加深对《纲要》基本内容的理解，形成一个较有系统的整体概念。

陈学工（1988）认为，《纲要》从名称界定到研究方法都贯穿着科学的治学精神。通过此书，可以从总体上全面地把握中国经济发展的经络。

（三）《中国近代国民经济史教程》

王方中（1989）指出了《中国近代国民经济史教程》（以下简称《教程》）与当时已出版的《中国近代国民经济史》教材的三点不同：第一，开辟专章与专节论述少数民族经济史以及港、台、澳经济史，使之成为第一部真正完整的中国近代经济史。第二，为财政问题开辟了专章，给予了应有的注意。第三，较细致地论述了工农业生产力发展状况，对经济史上的人口问题给予了足够的重视。王方中认为，重视宏观分析是《教程》的一个突出的优点，重视理论分析是其特色之一。

汤象龙（1989）认为，《教程》是一本优秀的教材，为中国近代经济史教学质量的进一步提高奠定了良好的基础。同时，是研究社会主义初级阶段理论工作者和改革实践家的一本好的参考书。

陈庆德（1989）肯定了《教程》在编写体系和框架上的突破，认为《教程》作为第一部较为系统全面地描述中国近代社会经济发展演变线索的著作，是很有新意的。

潘汝瑶在 1990 年 2 月 20 日的《广州日报》撰文评价该书，文中指出，其是经济史中翔实有新意的力作，是迄今为止中国近代经济史中最好的一本专著。

姜铎（1990）认为，《教程》是当时"新中国最完整的最全面的一本中国近代经济史教科书"。

孙克复（1990）认为，史学研究最忌原地踏步，贵在推陈出新。《教程》在继承过去许多教材的优点和吸收近年来研究成果的基础上进行创新，在占有翔实史料的基础上，重视定量分析和定性分析，以翔实和确凿的历史资料为依据得出分析结论，是一部创新之作。

班耀波（1990）比较了《教程》与中华人民共和国成立到当时中国大陆出版的约 10 种版本的《中国近代国民经济史》教材，认为其在结构框架、研究分析方法、内容观点方面，有突破，有创新。《教程》是中华人民共和国成立以来最新的、令人满意的教科书，把中国近代国民经济史的研究推到了新的、更高的层次，打破了中华人民共和国成立几十年来同类学科教材质量徘徊不前的局面。

（四）《中华人民共和国经济史》

5 卷本《中华人民共和国经济史》由《中华人民共和国经济史（1949—1966）》与《中华人民共和国经济史（1967—1984）》组成。《中华人民共和国经济史（1949—1966）》为河南人民出版社 1988 年 8 月出版，1991 年 7 月重印；《中华人民共和国经济史（1967—1984）》为河南人民出版社 1989 年 2 月出版，1991 年 7 月重印。

李运元（2003）认为，赵德馨主编的 5 卷本《中华人民共和国经济史》对中国经济史学科的贡献是巨大的。

尹进（1992）对《中华人民共和国经济史（1949—1966）》的突出特点做了如下评述：第一，内容全面，体系严谨，资料丰富，弥补了同时期出版的中华人民共和国经济史著作内容不全的不足，是中国第一部全面论述中华人民共和国经济的史著。第二，从实践出发，实事求是，按照历史本来的面貌刻画历史。第三，在研究方法上自始至终关注史论的结合。第四，在对经济史实做理论性分析时，一方面将其置于当时的历史环境之下进行思考，另一方面又通过由史到论的理论剖析，使思想认识达到跟随时代所要求的高度。

董志凯（1991）将其与当时已出版的新中国经济史著述做了比较，认为其突出的特点在于"内容比较丰富。……比较广泛地吸取了新中国成立以来经济建设各方面的文献、资料和研究成果，并且力争上升到理论高度总结经验教训，对于一些问题也提出了独到的见解"。

诸班师（1991）认为，该书的特点主要有四点：第一，史料翔实。第二，分期格局有所创新。第三，著述的篇幅大，涉及内容较全面、具体。第四，在书中提出的一些观点颇有新意。

胡俊杰（1991）认为，该书在经济史学领域内，是少见的作品，在经济学界，也是难得读到的一部好书。它奠定了在大量史料中抽象出构成中国式社会主义经济发展理论范畴、原理的基础，为我们抽象出具有中国特色的经济理论范畴提供了全新的基点。

此外，黄希源（1991）认为，该书是比较全面系统的经济史学术专著，具有较强的可读性和启发性。赵凌云（1991）评价其为当时已出版的同类著作中"部头最大、论述最为系统、详尽，堪称这一领域的台柱之作"。苏少之（1989）对该书的第一卷做了评价，认为此卷"重新对新民主主义经济形态产生、发展、结束的历史过程进行了系统的分析，得出了科学结论，目的在于为当前和今后的建设、改革服务"。刘方健（1991）认为，这套书籍的问世，把中国经济史的研究推上了一个新台阶，是一部展现当代中国经济发展历史进程的巨著，为当代中国的经济改革提供了极为丰富的历史启示。本套书籍的出版社——河南人民出版社的编审辛发林在 1998 年 9 月 8 日的《人民日报》上撰文，认为该书对1949—1984 年间中华人民共和国经济的发展进行了全面的总结和深刻的分析。

（五）《中华人民共和国经济史（1985—1991）》（第 5 卷）

刘方健（2000）评价，《中华人民共和国经济史（1985—1991）》是以翔实的史料向读者忠实地展现中国经济发展转变的过程。该书能够帮助读者加深对中国改革开放这一关键时期社会经济历史的回顾、理解和认识。

唐艳艳（2000）认为，该书在当时已出版的 4 卷本《中华人民共和国经济史》中，是非常有特色的一部，可称得上中国迄今为止，最全面、最清晰地论述 1985—1991 年中华人民共和国经济史的专著，也是赵德馨独创的全要素分析法的一个范本。

刘永进（2000）认为，该书的编写坚持赵德馨"跟随论与沉淀论相统一"的理论。其与同类著作相比，不但具有经济学的现实性，而且具有历史学的客观性与科学性；不但分析、解释了过去的经济变化，而且揭示了今天的经济与过去的经济变化的关系，并且说明了当前经济状况的历史渊源。

（六）《中国经济史辞典》（以下简称《辞典》）

董孟雄（1992）认为，《辞典》的内容大体上已包括了当时经济史学界各方面的研讨心得和若干最新成果，体现了本学科中各家的理论专长和史学功底，体现着中国经济史学科当时的发展水平。其主要特点有如下五点：第一，编写态度严谨；第二，收词的原则明确，纳词广泛，涵盖性强；第三，词目分类科学，便于查阅；第四，《辞典》的编写格外重视少数民族和少数民族经济史词条的收录，努力使中国经济史真正成为一部多民族团结统一的国家的经济史；第五，释文有一定的理论高度，不但使这本《辞典》具有较高的学术价值，还有助于国内经济史学科的发展以及中外经济史学者的学术交流。

范传贤（1992）评价《辞典》填补了当时中国经济史学科著作类型中缺少辞书的空白，是到 20 世纪 90 年代为止有关中国经济史学的研究成果的一个集中体现。

刘经华（1992）认为，《辞典》是中国经济史学科的第一部综合性专业词典，起到了填补空白、加强和拓展经济史学研究的积极作用。其从宏观上考查了中国经济史的研究，为中国经济史学科做了全景式的记录和规律性的揭示，同时对经济史学科的各个门类、各个时代的经济现象做了细致深入的梳理和诠释，可当作信史来读。

（七）《毛泽东的经济思想》

万安培（1994）认为，该书对于那些对毛泽东经济思想知之甚少或存有偏见的人来说，是一部不可多得的教科书；对于有志于毛泽东经济思想研究的经济史、思想史学界同仁来说，是进一步深入研究的新的起点。

武力（1995）评价其"在众多研究毛泽东经济思想的论著中，较为全面地反映了学术界的研究成果，达到了一定的水平"。尚达（1995）称此书为"研究毛泽东经济思想的一部力作"。

刘和平（1996）认为，该书是一本综合探研毛泽东经济思想的佳作，无论是在研究角度上，还是在挖掘毛泽东经济思想的深层次方面，都达到了相当高的水准，为以后人们继续研究毛泽东经济思想提供了极有价值的参考。

（八）《近代中西关系与中国社会》

尤学文（1994）认为，该书做到了"旧题新作"，是中国近代经济史学领域的又一新成果，是作者对中国近代经济史学的又一贡献，必将促进中国近代经济史学的新发展。

章蓉（1994）认为，该书的着眼点是站在 20 世纪 90 年代的认识高度，结合历史事实与经济学、政治学、历史学等多学科的理论，从深层次上对近代中西关系以及中国社会的变迁进行了全面的、系统的回答。

（九）《楚国的货币》

后德俊（1997）认为，与单方面以考古资料为基础所做的研究相比，《楚国的货币》从更广泛的角度对楚国的各种货币进行了全面的揭示与研究，是当时唯一的专著。该书不仅以丰富翔实的资料揭示了楚国货币的全貌，而且对于楚国货币的重要特征提出了许多新的认识和新的观点。这对楚国货币的深入研究起到了推动与促进作用。

张家骧（1998）认为，该书在详尽占有资料的基础上，对楚国货币的种种问题做了深入细致的精辟分析，提出了一系列颇有学术价值的新见。其研究成果，不仅为中国乃至世界古代货币史的研究提供了一个坚实的基础，而且对货币产生与早期发展的一般规律进行了具有普遍意义的理论探索。

陈振中（2005）认为，该书汇集了之前已发现的历史资料，融各家观点于一炉，书中的剖析与辩驳，颇有见地。

此外，李运元曾就此书致信赵德馨，称其在古代货币问题方面，破解了历史学中"黄金热的兴起与衰退"的谜题，提出了崭新且可贵的见解。

（十）《黄奕住传》

庄春泉在1999年7月5日的《广州日报》上撰文，评介《黄奕住传》将黄奕住的个人奋斗历程置于独特的华侨经济运行背景之下，归纳出黄奕住式的独特发展道路。这对探索中国实现现代化的某些规律具有借鉴作用。同时，该书表明，要实现社会经济的现代化，必须不断革新经济组织形式、管理模式和经营模式。

姜铎（1999）认为，赵德馨贯穿"学术研究"的精神，为黄奕住这位归国华侨大资本家立传，并加以全面肯定。这一做法，在中国近代经济史领域，是打破禁区和史无前例的。这为从根本上树立对待中国近代资本主义和资本家阶级的正确观点起了一个好头。

彭南生（1999）认为，在国内外学术界，一般地概述华侨经历的多，详细地记述典型人物由穷到富具体传记的却很少。该书在很大程度上弥补了这一缺憾。它促使人们通过解读黄奕住，正确认识资本家和资本主义的历史作用。其不仅是国内学术界第一部系统研究黄奕住的学术专著，而且是一部极富时代感的历史人物传记。

谷远峰（2000）评价《黄奕住传》是一部信而雅的学术类传记。在理论贡献方面，作者由此及彼，由小见大，突破了"左"倾思潮下形成的禁区（资本家是国家、民族的"敌人""罪人"），恢复了中国资本家阶级历史地位的本来面貌。

张戎（2000）认为，《黄奕住传》以丰富的史料叙述了一位事业有成的爱国华侨全身心推动祖国现代化进程的传奇经历，通过精辟的分析，提示了传主行为轨迹的内在必然性、合理性，为华侨资本与中国现代化问题的研究提供了一个很好的个案。该书在研究手法、关注重点等方面与我们常见的著名华侨华人传记颇不相同，使人读后很有几分新鲜之感，著作的可读性也因此大大增强。同近年来出版的众多著名华侨个人传记相比，该书在学术上的造诣可以说是相当高的。

（十一）《中国经济通史》

张家骧、邹进文（2004）评价《中国经济通史》是中国经济史研究的一座丰碑。该书在研究方法上融合了经济学和历史学的方法，从不同的视角透视中国几千年的经济变迁，在宏观上勾画了中国经济发展的脉络，在中观上分析中国经济发展各个阶段主要采用的历史学叙述方法，在微观上探究经济现象、特点时则主要采用经济学分析方法。该书是迄今所见到的一部名副其实的中国经济通史，在推动中国经济史学科的发展方面，做出了可贵的学术贡献。

徐建青（2009）回顾了1978年至2009年发表的中国经济史论著，认为其中有3部著作最为引人瞩目，代表了中国经济史学科总体研究的前沿水平。例如，许涤新、吴承明先后主编的《中国资本主义发展史》3卷本；赵德馨主编的《中国经济通史》10卷本（第8卷下册和第9卷为近代卷）；严中平、汪敬虞、吴太昌和刘克祥先后主编的《中国近代经济史》3卷本。

常耕在2002年5月16日《湖南日报》上评价《中国经济通史》，称该书是目前国内外研究中国经济史方面时期长、范围广、篇幅大、影响深的一部学术巨著。该书为读者在研究学习中国经济史时达到"古为今用"的目的提供了一种方便。

2003年5月23日，《中国新闻出版报》曾辟"主题述评"一版，对该书的书评做了集中的报道。主要述评如下。

武力评价该书是一部"通古今之变、成一家之言的中国经济通史专著"。朱有志称其是一部"站在新世纪的时代梯级上的鸿篇巨制"。许泽峰认为，该书纵贯古今，卷帙浩繁，勾勒了几千年来中国经济的发展形态，阐述了不同时期中国经济的主要特征，探讨了中国经济发展的基本规律，展现了中国经济思想的宏大架构，是一部集大成的中国经济史著作。

　　李建国（2003）评价该书是迄今为止（至2003年，著者注）中国经济史学领域中最重要的研究成果，也是中国图书出版界的重要成果之一，对于推进中国的经济建设，全面建设小康社会有着重要的意义。

　　彭伦在2003年7月11日的《文汇读书周报》上发文，称该书是中国规模最大、学术分量最重的中国经济通史。其一大特色是在论述时间上上起先秦，下至1991年。

　　宋士云（2003）评价其是一部资料翔实、求真可信、颇有见地且不可多得的力作。声啸认为，该书是当时有关中国经济史研究成果中，颇具特色、颇有新意、最有分量的一部，真实反映了历史的本原。

　　此外，张家骧在其提交的《对〈中国经济通史〉的审读意见》中，评价此书"在开拓学科研究领域，搜集整理历史资料，探索历代经济兴衰演变，总结中国经济发展的经验教训等方面，有诸多创新独到之处。……是迄今所见到的一部最为名副其实的中国经济通史，在推动中国经济史学科的发展，更好地发挥中国经济史研究的社会功能等方面，做出了可贵的学术贡献"。

　　（十二）《中国近现代经济史》（河南人民出版社出版）

　　彭南生（2004）认为，《中国近现代经济史》以其鲜明的理论特色和浓厚的创新色彩给人耳目一新之感，堪称中国近现代经济史著作中的一朵奇葩。该书尽可能地吸取国内外研究中国近现代经济史的理论成果，融合作者自身研究中国经济史所形成的理论观点，系统地形成了若干中国式的经济理论。例如，经济现代化理论、过渡性社会经济形态理论、互补理论等。同时，该书在表达方式上，既注重论从史出，又注重史论结合。因此，它是将描述性经济史和分析性经济史结合起来的成功范例。

　　王方中评价该书"新风扑面，格调高昂"。唐艳艳（2004）评述了该书的三大创新，认为它在原有的基础上又上一层楼，将成为作者又一个里程碑式的专著性教材。

　　郭庠林、张劲涛、刘扬在《中国近现代经济史》的出版资助评审意见中，认为原书书稿既有科学性，又具有先进性和启发性，是一部具有学术价值、具有权威性的教材。书稿所运用的资料丰富而翔实，这是同类教材中所没有的，而且，书稿体例严密合理，文字流畅。

　　（十三）《张之洞全集》（以下简称《全集》）

　　国家清史编纂委员会在对《张之洞全集》的鉴定中，对该项目成果给予了充分肯定，并经无记名投票表决一致通过，评定该项目质量为优。同时，多位清史专家对该书做了如下评价。

庄建平认为，此集在总结吸取前人经验和成果的基础上，找出新的观点，挖掘新的历史文献，运用新的方法，把整理张之洞全集的工作向前推进了一步，充分诠释出编者沉潜和"勤、谨、和、缓"的治史方法与态度。用"齐、真、准"的标尺来衡量深度成就，在当时的清史版全集中，是绝无仅有的一部专题史料汇编集，是可以付梓出版的精品之作。

萧致治认为，该书的出版对研究清末历史具有重要参考价值。此集在辑佚、求真、准确断句三个方面进行了研究。

邱远猷认为，赵德馨编写的《全集》有几大优点：第一，在底本的选择上，该集以王树枬编写的《张文襄公全集》为底本，是十分恰当的。第二，体例编排科学、严谨、简明。第三，该集达到了辑佚、求真、断句准确这三大目标。文献完备，校勘精审，断句准确，编排有序。

陈铮认为，《全集》编纂工作的完成，为清史研究增添了一部迄今为止收文最丰富、编辑比较精审的张之洞著作合集。《全集》具有收文丰富、编排合理、考订认真、校勘精细、排校认真、错字率较低等优点。

陈钧将《全集》的突出之处概括为以下六点：第一，该书体例得当，编排有序，保留真实，便于检索。第二，编者特别重视文献的来源，并采用版本互校及考证研究等手段，从档案、《京报》、碑刻、张之洞手迹、张之洞审定的版本入手，认真比对，剔除废稿，纠正底本失真之处，力求文献可信度高。第三，该书内容较之底本更为充实。第四，校勘求精审，断句求准确，注释求简约。第五，该书提供的文献，尽可能采用原始材料，其真实性较高，同时尽可能地保留了文献的原貌。第六，该书所录文献较之以往版本更具研究价值。

王道成认为，《全集》从文献角度而言，虽不能说已经囊括无遗，但是在当时，它确是一个比较完备的张之洞全集。总体而言，其编辑和点校质量较高，对于研究张之洞及其所处的时代具有重大意义。

林家有评价赵德馨为《全集》所写的《序言》文字简练，陈述该书编辑的经过，以及编辑该书的注意点。

严昌洪阅读了《全集》部分书稿后，认为该书底本选择明智，体例安排恰当，文字编排科学，点校质量上乘，必将对张之洞生平事迹研究和中国近代史研究产生积极作用，具有重要的史料价值。

罗福惠认为，《全集》不仅对于推动晚清史研究大有裨益，且为学界、出版界整理古近代文献做出了典范。该书是他所读到的最完备、最精审、最具识断的定本，达到了编者们开始确立的"多、真、准"的目标。因此，"是编之出，足资研究者利用，亦足以传世"。

陈锋认为，《全集》通过多年对张之洞存世文献的搜求，凸显出的一大特点是"全"。比之1998年整理出版的河北版《张之洞全集》，在数量上亦多出四分之一。该书的特点之二是辨伪存真，使收录在该文集中的文献有非常高的可信度。

（十四）《经济史学概论文稿》

关于此书的内容，吴承明曾专门致信赵德馨，称自己"搞了几十年经济史，尚未见经济史学概论，此书乃创见"。

除上述研究之外，胡爱琴的硕士学位论文《赵德馨与中华人民共和国经济史研究探析（2012）》，从微观和宏观的角度系统地梳理了赵德馨在中华人民共和国经济史领域的治学历程和研究成果，将赵德馨在中华人民共和国经济史及中国经济史学方面的学术成就概括为以下四点：一是为中华人民共和国经济史奠基；二是自成体系并成一家之言；三是创建了一流的经济史学术团队；四是倡导良好的学术风气。赵德馨的治学特点则主要表现为：矢志不渝、终身努力、实事求是、论从史出，注重理论分析与提炼，突出经济史学的现实功能。

综上所述，在目前关于赵德馨经济史学的研究成果中，主要探讨的是其学术贡献、学术特点。对其研究成果、学术思想、经济史学理论所做的研究，多为某个或部分专题研究领域的成果和学术思想，对其经济史学理论体系、经济史学思想进行全面、系统的研究尚未得见。虽然赵德馨已形成了体系化的经济史学理论与思想，但是没有得到清晰、完整的研究与展示。

第三节　基本思路与研究方法

一、基本思路

中国经济史学自20世纪初期开始已经存在了100多年。作为一门学科，它形成于20世纪20年代末，先后经历两次发展的高潮，但是进入20世纪90年代以后，不论是学科研究还是学科教学的发展，都开始出现衰落的迹象。高超群、黄英伟等学者在《中国经济史研究的挑战与机遇刍议》一文中，对20世纪90年代以来学科发展的"衰落"现象进行了描述：虽然研究者和研究成果的数量都在不断增长，在某些领域也有所突破，但整个经济史很少产生有重大影响的成果，这使得经济史学已经有较长一段时间没有真正意义上的热点和焦点问题，"碎片化"的现象较为严重。更令人担忧的是，有较长远研究规划目标的，有共同方法、问题意识的研究团体也十分罕见。中国经济史学在学术界的影响力在不断削弱。赵德馨长期致力于经济史学的研究工作，目的是解答"中国经济是怎样发展过来的"与"经济史学是一门怎样的学科"两个问题。为了回答第一个问题，赵德馨分别对中国古代经济史、中国近代经济史和中华人民共和国经济史开展了多项专题研究。在专题研究的基础上，赵德馨再"求通"，对中国经济发展的历史进行整体式研究，并抽象出五主经济形态论、中国经济史上三个"之"字形路径论、过渡型经济形态论、商兴国兴论、中国经济现代化三次机遇的丧失论、互补经济论、经济现代化两个层次学说等经济史理论。其经济史理论贯通古今，是对中国经济的发展过程进行完整理论总结与提炼的成果。为了回答第二个问题，赵德馨以经济史学科作为研究对象，将经济史学概论作为经济史学科的子学科，对经济史学的研究对象、学科构成、学科功能、学科历史、分期理论、工作程序与规范等内容进行了详细的研究。不仅充分地解答了"什么是经济史学和怎样研究经济史学"的问题，还为解决当前经济史学基础理论研究的不足提供了清晰的思路。

因此，本研究的基本思路是从学科建设的角度出发，以赵德馨已公开发表的学术成果和进行的实践活动为研究对象，以赵德馨对建设完整、独立的经济史学科的思考为主线，围绕赵德馨关于"经济史学是一门怎样的学科""中国经济是怎样发展过来的"这两个问题的解答，全面、系统地梳理其学术成果和他关于学科建设的实践内容。最后在此基础上，探讨赵德馨对经济史学科建设做出的贡献。

最后需要指出的是，在赵德馨关于经济史学科基础理论的研究中，经济史学概论以经济史学科为研究对象，主要回答"什么是经济史学"和"怎样研究经济史学"的问题。在经济史学概论的研究范畴内，包括对经济史学工作者的学术研究进行研究的内容。因此，本书的研究内容属于经济史学概论或学科基础理论研究的范畴。

二、研究方法

本书在研究过程中主要采用以下几种方法。

一是文献研究法。全面搜集赵德馨经济史学的相关研究成果，按照成果类型进行分类整理工作，以此作为研究的依据，系统观照赵德馨的经济史学理论体系。

二是比较研究法，主要包括两个方面：首先是比较不同时期赵德馨关于特定研究对象所形成的研究成果，全面把握其认识的发展过程与敢于自我纠正的治学精神。其次是通过比较不同学者对同一问题的研究，结合特定历史背景进行分析，对其学术成果进行系统的比较研究。

三是历史分析法。将赵德馨的研究成果置于具体的历史环境和学科发展阶段，动态地探讨他的学术成果和教学实践的时代意义，研究这些内容背后深层次的时代内涵和形成原因。

四是口述史研究法，主要包括两个方面：首先是与赵德馨本人就其学术成果做访谈，依据口述材料对已有的资料进行补充。其次是与赵德馨的学生就研究主题做访谈，力争全面地把握赵德馨教授的治学经历和学术贡献，以获得全面、客观的结论。

第四节　创新与不足

本书力求以前人的研究为基础，对赵德馨的经济史学研究成果做系统、全面的研究。其主要的创新点如下：首先，对赵德馨的研究成果进行完整、全面的分析，将其经济史学理论进行体系化、全景式的展示。其次，在研究赵德馨的经济史学研究成果时，与具体的时代背景、学科发展背景相联系，与同类研究成果做比较，科学、客观地评述其学术贡献，体现其经济史学研究的时代性，既为相关领域的进一步深入研究提供理论依据，也为现实的经济建设提供理论借鉴。

研究的不足之处主要体现在以下四点。

第一，关于赵德馨的部分专题研究，或未能详细地挖掘其时代背景与学科发展的整体情况，未突出该研究在具体历史背景下的时代意义；或未能与相关研究进行充分的比较，未突出该研究对相关研究的后续影响。

第二，对于他的学术成果，在进行梳理时还未形成一个比较清晰的梳理框架，缺少量化的统计与分析，未能突出部分专题研究的学术影响力，进而导致在探讨其学术成果对学科建设做出的贡献时，部分内容缺乏说服力。

第三，对于赵德馨在具体的学科建设和人才培养方面所做的贡献，仅统计了他培养的研究生人数，中南财经政法大学经济史研究中心历年承担的国家社科基金和国家自然科学基金的情况和在《中国经济史研究》的发文情况，未进一步统计其研究生在学术研究和人才培养等方面的情况，从而未能突出他在培养人才方面对建设经济史学科做出的贡献。

第四，对于赵德馨教授著述中的一些核心问题，没有辅之以自己的评论。另外，文中一些表述还不够精确，有待推敲。

第一章 赵德馨关于经济史学科结构的研究

在中国经济史学界，赵德馨是较早对经济史学科的结构进行系统研究的学者，而且，他对这个问题的研究也是最全面的。

第一节　赵德馨关于经济史学的解释

最早使用"经济史学"这个名词的中国学者是王亚南。在《中国经济原论》中，他认为经济史学与经济学、中国经济史是研究中国经济需要依据的三种科学。他将经济史学与广义经济学做对比，认为两者的区别在于，"广义经济学所着重的是原理，是个别历史社会的经济法则，经济史学所着重的则是史实及个别历史社会相续转变的法则"[①]。两者都有助于对落后社会的经济形态的研究，只是经济史学"已经成为一种较完整的科学"。

王亚南之后，还有一批学者针对这个问题给出了自己的解释。这些解释的主要观点在于讨论经济史学的学科性质，即它是历史学的分支还是经济学的分支，是历史学与经济学的边缘学科还是交叉学科，又或者说是一门独立学科。

朱伯康认为，经济史学是宏观经济科学的分支，是历史学与经济学的边缘学科。他指出，经济史学是"在时间上研究经济变化和发展的科学，亦可说是经济范围内的历史科学。……经济史学的实用性就在于它的科学性，它明确指出经济变化和发展的必然性、规律性，及其因果关系和发展的连续性，是现代人在长途行程中的一枚指针"[②]。

吴承明也认为，经济史学是经济学与历史学的边缘学科。他将经济史学解释为研究过去的、人们还不认识或认识不清楚的经济实践的科学。同时，他还强调"经济史首先是'史'，是历史研究的一个分支"。李伯重从吴承明的解释出发，把经济史学界定为过去的我们还不认识或认识不清楚的社会经济状况，并且也强调"经济史是史学的一部分"，经济史学就是"研究过去的社会经济状况及其变化的学科"。

①　王亚南.中国经济原论[M].上海：生活·读书·新知三联书店，1951:16.

②　朱伯康.经济史问答[M]//复旦大学经济学系.复旦经济论丛：第二集[出版者不详]，1986：327.

赵德馨受王亚南的启发，提出经济史学是一门完整的独立学科的观点。他在 20 世纪 80 年代开始研究经济史学科的内涵，经过 20 多年的探索与思考，已经形成了成熟的观点。

　　从学科的发展路径看，经济史学的产生有三条路径。

　　其一，19 世纪中叶以后，经济学从历史科学中分离出来，并成为与之并列的独立学科。随着经济学研究的深入，原本包含于经济学中的经济史有了自身特有的发展方向，逐渐形成经济学的一门分支学科，产生了经济学中的经济史。

　　其二，历史学的研究开始细化，产生了专门研究经济史的分支学科，即历史学中的经济史。赵德馨认为，两者的区别在于，前者以经济学理论为指导，重视理论逻辑，其研究成果偏重对经济运行机制的分析；后者以历史学理论为指导，重视历史逻辑，其研究成果偏重经济实践的考证与历史还原。

　　其三，到了 19 世纪末期，随着专业的经济史学研究工作者的出现，经济学的经济史与历史学的经济史开始融合，取长补短，形成了一种"混合型"的经济史学。这种"混合型"经济史学的研究成果既用经济学理论，又用历史学理论；既用经济学方法，又用历史学方法；既注重历史逻辑，又注重理论逻辑。它们既有历史学要素，又超越了历史学边界；既有经济学要素，又超越了经济学边界。它既不属于历史学，又不属于经济学，是一门独立的学科。

　　为了详细地回答什么是经济史学这个问题，赵德馨按照研究对象的不同对经济史学科的构成做了进一步的分析。

　　赵德馨强调经济史学是一门独立学科。因此，在经济史学的学科结构中，经济史学科是第一层次，由经济史学与经济史学概论两个分支学科构成。经济史学是经济史学科的一个分支学科，它包括经济史实（简称"经济史"）与经济史理论（简称"经济史论"）。经济史实主要叙述和分析人类社会经济发展过程。经济史理论是在叙述和分析经济发展过程的基础上抽象出经济理论。经济史学概论以经济史学科为研究对象，研究它的对象、功能、理论、方法、历史等，主要回答经济史学是一门怎样的学科和怎样研究这门学科这两个问题。

　　为此，赵德馨于 1984 年在中南财经大学（现中南财经政法大学）开设了经济史学概论课程，给经济史专业的研究生讲授"经济史学是一门怎样的学科和怎样研究这门学科"。他的这门课程在内容上包含了经济史学的研究对象、发展历史、历史观、任务与功能、与相关学科的关系、历史分期、学派等。

　　陈振汉也于 1982 年在北京大学经济学系开设了经济史学概论课程。在他的课程讲义《步履集》中，将经济史学解释为"以经济史的研究为对象的学问"。

比较陈振汉与赵德馨关于经济史学概论的讲授内容，可以发现，前者主要侧重于经济史学科在西方国家的发展过程，后者则对经济史学科的研究对象、发展历史、历史观、任务与功能、与相关学科的关系、历史分期、学派等问题都有所涉及，比前者的讲授内容更为全面。因此，在经济史学界，赵德馨是较早对经济史学科进行全面研究的学者，对这个问题的研究，他也是最全面的。

第二节 赵德馨关于经济史学构成层次的解释

在赵德馨开始研究经济史学科结构时，国内学界还没有学者对此问题做过详细的分析，因此他关于此问题的研究对中国经济史学而言，是具有拓荒意义的。

1990 年，他在由自己主编的《中国经济史辞典》中对词条"经济史学科"做了如下的定义："经济史学科简称'经济史'，是以经济发展客观过程即社会生产力和生产关系发展过程及其规律为研究对象的经济学科。它的分支学科，有以生产力发展过程为研究对象的，有以生产关系发展过程为研究对象的，有以生产力与生产关系的矛盾统一过程为研究对象的。经济与社会的其他领域关系密切，为了研究生产力和生产关系变化的原因、过程与后果，必然涉及经济政策、经济思想、阶级斗争诸因素。因此，有人又将经济史称为'社会经济史'。经济史是经济科学中的基础学科，也是历史科学的基础学科。经济史学科的对象是经济演变过程，是把经济作为一个动态体系来研究的，这就决定了经济史的研究必须严格地按照时间顺序，采取历史的观点和历史的方法。在这种意义上，经济史是一门边缘学科。"[1]这是赵德馨第一次提出"经济史学科"概念，也是他研究经济史学科结构的开始。

1999 年，为了进一步对经济史学科的内涵做准确的定义，赵德馨在《经济史学科的分类与研究方法》一文中写道："根据学科研究对象，经济史学科分为两大类：一类是以人类经济生活演变过程及其规律为研究对象的经济史学。另

---

① 赵德馨.中国经济史辞典[M].武汉：武汉辞书出版社，1990：2.

一类是以经济史学为研究对象的经济史学概论（简称经济史论）。"①其中，经济史学的研究对象是人类的经济生活，属于客观的事物，经济史学概论的研究对象是经济史学科，属于主观的内容。

2008年，在王玲的《求通——访问赵德馨先生》中，赵德馨说道，经济史学科有两个分支：经济史学（其中包括经济史实与经济史论两个部分）与经济史学概论。经济史实就是人们通常说的经济史，它主要叙述经济发展的过程；经济史论是从发展过程中间概括与抽象出的理论，也可称之为经济史通论；经济史学概论是以经济史学为研究对象的学问，包括经济史学的研究对象、理论、方法、历史、相邻学科，等等。在这里，赵德馨开始提出经济史学科第三个层次的内容：经济史学下又有经济史实与经济史论两个分支。相对于1990年提出的经济史学科、经济史学、经济史学通论、经济史学概论四个概念，这里的定义，首先在学科层次上做了严格的区分；其次，更加注意名词的使用，不再使用经济史学通论这个概念，换之以"经济史通论"，简称经济史论，不再将经济史论作为经济史学概论的简称。

赵德馨提出"经济史通论"这个概念后，引起了同行学者的关注。西南财经大学李运元教授和中国社会科学院董志凯研究员都曾与赵德馨有过讨论。他们认为，经济史理论学科是存在的，为什么要叫"经济史通论"，而不直截了当地称之为"经济史理论"？他们的意思是以称"经济史理论"为宜。李运元还建议，"经济史理论"可简称为"经济史论"。与"经济史理论"相对应的是"经济史事实"，与"经济史论"相对应的是"经济史实"。分类中的"经济史"可以改称为"经济史实"。

对于当初为何将这门分支学科命名为"经济史通论"，而不用"经济史理论"，赵德馨给出的理由是，根据经济史实抽象出的理论，是用于解释经济是如何发展而来的，其往往具有贯通古今、贯通经济各部门的意义，对于经济史学科而言，有助于"通识"的积累，因此才考虑使用"经济史通论"这个名词。但是，在听取李运元、董志凯等同行学者的意见后，他又对学科命名做了一番考察，并接受了他们的建议。因此，他在2009年发表的《学科与学派：中国经济史学的两种分类——从梁方仲的学术地位说起》一文中写道："按照研究对象的不同，经济史学科有两个大的分支：经济史学与经济史学概论。经济史学

---

① 赵德馨.经济史学科的分类与研究方法[J].中国经济史研究，1999（1）：122-125.

包括经济史实（简称经济史）与经济史论两个部分。"[①] 这一次是赵德馨对自己关于经济史学科认识的升华，更正了几处认识上的不足。例如，以下两处：第一，用经济史理论代替了 1990 年提出的经济史学通论与 2008 年提出的经济史通论两个概念，避免与通古今之事的通论相混淆。第二，不再将经济史论作为经济史学概论的简称，避免了在用经济史论作为经济史理论的简称时产生误会。

　　赵德馨对经济史学科构成的研究，在经历了不断的探索、更正以往的错误、补充认识上的不足之后，最终形成了完整、成熟的观点，即经济史学科包含着三个层次：第一层次是经济史学科；第二层次是经济史学与经济史学概论；第三层次是经济史学的两个分支——经济史实与经济史理论。经济史学科各分支学科的逻辑关系就是经济史学科包括经济史学和经济史学概论两个分支学科，经济史学又由经济史实和经济史理论构成（见图 1-1）。在国内学界，赵德馨对经济史学科结构的解释，应该是最全面、最详细的。

图 1-1　经济史学科构成层次图

第三节　赵德馨关于经济史学科理论与著作类型的划分

　　对于经济史学科研究成果类型的划分，国内学界一般依据主要研究方法的不同，分为"描述性经济史学"与"分析性经济史学"。前者主要对历史上的经济实践进行客观的描述，以求"还原""再现"经济历史的客观实际，回答"经济历史是什么"的问题。后者主要对经济历史进行分析与解释，并做理论抽象，目的是寻求经济历史实际的发展趋势与规律。

---

① 赵德馨.学科与学派：中国经济史学科的分类——从梁卜仲的学术地位说起 [J]. 中国社会经济史研究，2009（3）：1-4.

在研究经济史学科构成问题的同时，赵德馨还对经济史学科的各分支学科的内涵、层级间的逻辑关系做了进一步的研究，并对经济史学科的理论与著作的类型做了明确的区分。

赵德馨认为，经济史学科由经济史学与经济史学概论构成，因此，经济史学科的理论有两种：第一种是依据经济史实而抽象出的理论，即经济史理论。第二种是关于经济史学科的理论，即经济史学概论。在这两种理论中，由于经济史学概论建立在经济史学的基础之上，没有经济史学，就没有经济史学概论，所以经济史理论占主要位置。

经济史学又由经济史实与经济史理论组成。就研究的目的与著作的类型来说，经济史实重在对历史事实的说明，经济史理论重在对历史史实进行理论抽象。经济史实的研究著作，其叙述形式采用时间逻辑，结论一般来说只说明事实，没有理论，或只有个别理论观点，不成体系，其研究成果一般只解释它本身的问题。相对应地，经济史理论的研究著作，其叙述方式采用理论逻辑，结论的得出一般是基于系统的理论体系，其研究成果不仅能解释它本身的问题，还能解释同类的问题，具有解释作用。

因此，赵德馨将经济史学的论著大体上划分为五种类型。

第一种，弄清史实，以考证为主，说明某种经济现象是什么。这是进行经济史学研究的第一步。

第二种，解释史实，在考证史实的基础上进行分析，利用已有的理论分析史料。

第三种，从分析经济史实中得出新的理论观点，史论结合，论从史出。例如，傅衣凌的《明清时代商人及商业资本》、方行的《中国封建经济论稿》等。

第四种，采用理论体裁对事情发展的时序进行一种理论分析，按照时序以理论逻辑为主线展开。这种理论往往是对客观的经济史实从某一方面进行纵向上的理论抽象，具有特殊性。例如，科斯、王宁的《变革中国》、傅筑夫的《中国古代经济史概论》、李文治和江太新的《中国地主制经济论》、赵德馨的《中国历史上的城与市》和《五主经济形态的演进》等。

第五种，撇开时序，采用纯粹的理论形态，按某理论本身的逻辑展开。经济史实只作为论据来引证，历史逻辑隐藏在理论逻辑背后，分析的对象不是经济史实的发展过程，而是经济运行的机制，得出的理论往往具有普适性。例如，希克斯的《经济史理论》、马克斯·韦伯的《经济通史》、王亚南的《半殖民地半封建社会经济形态分析》、胡如雷的《中国封建社会形态研究》、赵德馨的《市场化与工业化：经济现代化的两个主要层次》等。

在这五类论著中，前三类是史的体裁，属于经济史实，后两类是论的体裁，属于经济史理论。从弄清事实到理论抽象，其层次由低到高，但它们的学术价值是同等重要的，没有高低之分。没有对经济史实的考证，是无法进行理论分析的，更无法抽象出具有普适意义的理论体系。

另外，赵德馨认为，经济史学科的功能可以概括为"三求"——求真、求解和求用。简而言之，求真就是真实地探究和再现过去的经济实践；求解就是通过分析经济发展的过程，揭示经济生活演变的规律；求用体现的是求真与求解的最终目的——资治于现实，为现实所用。其主要有两个方面的含义：其一，从经济史中提取历史经验资治于现实；其二，从经济史中抽象出经济理论，指导经济政策的制定。[①]

将求真、求解、求用与上述经济史学研究成果的五种类型相对应，第一种类型主要是求真。第二、第三种类型是在求真的基础上求解。两者的区别在于，第二种是利用已有的理论来分析史料，第三种则是在分析史料的基础上提炼出新的理论观点。第四、第五种类型则突出了经济史学研究的求用功能。两者的区别在于，存在于第四种类型成果中的理论抽象，其对象是存在于经济史实里的具体问题，可以是某一个国家、地区或者某一个经济部门、某一段历史时期；存在于第五种类型成果中的理论抽象，重视的是该理论的普适性，是对整个人类经济生活发展规律的理论解释。

---

① 易棉阳，赵德馨.经济史学的发展障碍及其解除路径——基于功能、素养、学科定位视角的分析 [J].中国经济史研究，2017（04）：184-192.

第二章 赵德馨经济史实研究述评

经济史实是经济史学研究的基础，其目的是在考证历史事实的基础上，对经济史实进行分析与说明，并提出相关的理论观点。在赵德馨关于经济史学研究成果的五种类型的划分中，第一、第二种类型属于经济史实的研究范畴。赵德馨关于中国经济史实的研究，是为了解答"中国经济从古代到现代演变的全过程"，使人们对中国经济史的整体有一个完整的了解，弄清中国的经济是怎样演变过来的。

第一节　贯通古今，解答"中国经济是怎样演变过来的"

史实研究的最高境界是"究天人之际，通古今之变"。赵德馨认为，要解答"中国经济从古代到现代演变的全过程"这一问题，就要做到时间、空间和经济三个方面的"通"。时间上通古今，空间上通全国，经济上通经济内部的各个部门、各个要素。围绕这三个方面的求通，赵德馨首先按照时序进行了专题研究，即先研究古代经济史学，再研究近代经济史学，然后研究现代经济史学，最后再将它们贯通起来。其研究过程如下所述。

1953—1956 年，研究的重点在中国古代经济史，以两汉经济史作为突破点。在此期间，完成了研究生学位论文《两汉商品生产与商业》。

1956—1961 年，研究的重点由中国古代经济史转向中国近代经济史。1956年，赵德馨研究生毕业以后回校任教，开始讲授中国近代经济史课程，并在1956—1957 年间编著了一本将中国近代经济史下限定在 1949 年的教材。从1958 年开始，他开始尝试突破 1949 年的界限，对 1949 年以后的经济史进行研究。为此，他编著了《中华人民共和国经济史讲义（1949—1956 年）》，并将自己讲授的中国近代经济史课程改设为中国近现代经济史。

1961—1964 年，赵德馨加入由严中平主持的《中国近代经济史》编写组。这一时期，他研究的重点是太平天国的经济问题。

1965—1978 年，由于时局动荡，赵德馨离开了教学与科研岗位，研究工作被迫中断。但在这段时间，他利用自己可以支配的一切时间，阅读了《二十四史》中的《平准书》《食货志》《地理志》《货殖列传》等与经济史有关的篇章，以及考古资料和相关论著。

1979—1985 年，赵德馨回到教学岗位，开始研究中华人民共和国经济史，并于 1983 年主持成立了中南财经学院中华人民共和国经济史课题组，主编《新中国经济文献索引（1949—1984 年）》。

1985—1993 年，赵德馨在求通方面主要做了以下几件事情：第一，以主编《中华人民共和国经济史》4 卷本为主要内容，继续开展中华人民共和国经济史学的研究；第二，和西南财经大学李运元教授共同主编《中国古代近代经济史论著目录索引》，将此书与《新中国经济文献索引（1949—1984 年）》在时间上连通，对中国经济史各个领域已有的研究成果、研究的现状和历史进程进行了全面的梳理；第三，主编《中国经济史大辞典》与《中国财经大词典·经济史编》，内容涵盖了中国从远古时期到 1984 年这一历史阶段的经济史。

1993—2002 年，在上述工作的基础上，赵德馨于 1993 年开始着手《中国经济通史》的编写准备工作，包括组织编写组成员、与各卷作者交换观点、设计全书的结构等。《中国经济通史》于 1996 年正式开始编写，历时 6 年，于 2001 年完成，由湖南人民出版社于 2002 年出版。《中国经济通史》的出版，标志着赵德馨在中国经济史实的研究领域做到了贯通古今，基本完成了他研究经济史学的第一个目标，即弄清中国经济是怎样演变过来的。[①]

第二节　赵德馨的中国古代经济史实研究

在中国古代经济史实研究领域，赵德馨的主要研究成果是《两汉的商品生产与商业》（以下简称《两汉》）、《商品货币关系发展水平与生产结构的关系——以公元一世纪前后为例》（以下简称《商品货币关系》）与《楚国的货币》。除此之外，在他主编的《中国经济通史》中，他撰写的《秦汉卷》的商业章和货币章；在其主编的《中国经济史辞典》中，他撰写的中国经济史实部分的内容占一半以上。目前，赵德馨依然在进行中国古代经济史实的相关研究工作，其从事的研究项目主要有两项：一是主持《中国经济史辞典》的再版工作。二是重编《楚国的货币》。

完成于 1956 年的《两汉》，以两汉的社会性质为奴隶制社会为假设前提，对两汉时期的商品经济史做了全面描述。《商品货币关系》是《两汉》一文的

① 王玲．求通——访问赵德馨先生 [J]．中国经济史研究，2008（3）：161-164．

续编，对《两汉》中提出的中国古代商品货币关系的发展在两汉相交之际由盛转衰的"生产结构说"进行了补充。《楚国的货币》以及与之相关的系列专题论文，则是对先秦时期中国古代货币的发展所做的考证与研究。具体而言，赵德馨对中国古代经济史实研究的贡献主要有论证两汉的商品生产与商业发展以奴隶制为基础，对两汉时期商业的发展水平提出了新的估计，揭示了楚国各种货币的全貌，提出了破解西汉"黄金热"退潮的"历史学之谜"的新思路。

一、论证两汉的商品生产与商业发展以奴隶制为基础

尚钺是赵德馨研究生学位论文的指导老师。赵德馨之所以选择《两汉的商品生产与商业》作为他研究生学位论文的题目，是因为尚钺希望赵德馨帮助他完成用于解释中国古代社会性质的理论体系的架构。尚钺的代表性学说是"魏晋封建论"。他认为，从西周到春秋，中国社会还没有完全脱离原始公社。当时的基本生产关系是以家长制公社为基础的早期奴隶制的关系，从战国到两汉，是中国奴隶制从发展到没落的阶段，而西汉初期就已产生了封建关系的萌芽，直到魏晋，中国才进入封建社会。他还认为，任何社会经济形态都不可能是单一的、纯粹的。氏族公社和农村公社的残余长期存留于奴隶社会，这预示着较高级的社会经济形态如雇佣制、租佃制在封建社会形成之前就已存在。社会的根本性质是由在整个社会中起着主导、制约作用的那种生产形式决定的。[1]在尚钺的"魏晋封建论"中，两汉的社会性质必然是奴隶制。因此，赵德馨在《两汉》中，首先假设两汉的社会性质是奴隶社会，然后通过对两汉时期商品生产与商业发展的分析，对这个假设前提加以论证。值得一提的是，关于两汉商品生产的研究，在 20 世纪 50 年代，国内学界并没有给予足够的重视[2]。因此，《两汉》一文是"对两汉的商品生产和商业的产生，及其在前资本主义社会形态中发展的程度、性质和作用等问题进行的一个大胆尝试"[3]。

赵德馨通过考察两汉各部门商品生产的情况发现，在两汉的农业生产部门中，各种生产形式与市场联系的紧密程度如下：奴隶劳动＞自耕农＞佃农，并

---

① 毛佩琦.纪念尚钺，学习尚钺——记尚钺同志诞辰九十周年座谈会[J].清史研究,1992(3):1-7.

② 李根蟠.赵德馨教授经济史研究的特点[J].中南财经政法大学学报,2004(4):115-116.

③ 赵德馨.赵德馨经济史学论文选[M].北京:中国财政经济出版社,2002:1.

且农业生产的经营规模愈大，与市场的联系愈紧密。某些地区的大奴隶制经济中的某些生产部门，已具有为市场生产的性质①。在手工业生产部门中，官营手工业生产规模最大，在手工业中占统治地位。与农业相结合的家庭手工业是手工业存在的最普遍的形式。就使用的劳动力类型来看，官营手工业、盐铁业直接使用奴隶劳动力，城市手工业的主要力量是奴隶制工场或作坊，奴隶主的家庭手工业由奴隶承担。因此，两汉的商品生产，其发展的基础和条件都是奴隶制。

此外，赵德馨还考察了两汉商品生产的分布区域和生产部门，"（两汉）商品生产的发展限于黄河流域和四川的一部分地区，限于某些特殊生产部门，如手工业中的盐、铁、丝织；农业中的各地自然特产、蓝一类燃料植物及城郊的瓜菜碳薪等物"。由此得出结论，"两汉的商品生产在全国经济中的比重甚小，作用不大"。②

关于两汉的商品生产和商业的发展水平究竟有多高，陶希圣、马非百等学者认为，两汉已达到商业资本主义阶段③。对此，赵德馨提出了不同的观点。他通过解读历史文献，考察了两汉各阶层对商品的需求、商业利润获得的方式和来源。他发现，两汉商业的主要特点是贩运奢侈品和城市商业，其发达的基础是大奴隶制生产，其发达的根本原因是奴隶制度的发展。这符合马克思对奴隶制经济发展的一般规律的判断——"在古代社会，商业的影响和商人资本的发展，总结果为奴隶经济；或视其始点如何，结果不过是把奴隶制，由家长制的以生产直接生活资料为目标的，转化为以生产剩余价值为目标的"④。因此，他认为，两汉商业的发展水平虽然在中国古代经济史上很发达，但它仍然只是"贩运奢侈品的商业在少数城市中发展起来"⑤，其经济的本质仍然是自然经济，商业资本不占主导地位，商品生产和商业只是自然经济的补充⑥。因此，陶希

① 赵德馨.两汉的商品生产与商业 [M]// 赵德馨.赵德馨经济史学论文选.北京：中国财政经济出版社，2002：15.

② 赵德馨.两汉的商品生产与商业 [M]// 赵德馨.赵德馨经济史学论文选.北京：中国财政经济出版社，2002：27.

③ 马非百.秦汉经济史料（六）——奴隶制度 [J].食货半月刊，1936，3（8）：37-52.

④ 马克思.资本论 [M].北京：人民出版社，1953：410.

⑤ 赵德馨.两汉的商品生产与商业 [M]// 赵德馨.赵德馨经济史学论文选.北京：中国财政经济出版社，2002：89.

⑥ 赵德馨.两汉的商品生产与商业 [M]// 赵德馨.赵德馨经济史学论文选.北京：中国财政经济出版社，2002：51.

圣、马非白认为，两汉已进入了商业资本主义社会或商业资本主义阶段的观点是对两汉的商品生产和商业发展水平的高估。之后，赵德馨指出，两汉商品生产的分布区域有限，生产部门有限，在全国经济中的占比甚小。两汉商业的主要形式是奢侈品的贩运商业，与劳动者和工农生产没有密切的联系。[1]它的繁荣不是社会生产及商品生产高度发展的结果，而是超越后者而发展的[2]。

另外，赵德馨在分析两汉商业发展历史的实际过程中，还考察了两汉城市的特点与分布。他发现，两汉的城中"已都有市"，城市的发展与分布不均衡，绝大多数城市分布在长江以北，集中于黄河中下游的长安、南阳、临淄构成的三角地带。这反映了两汉商业的发达只限于中原地区。因此，他认为，两汉商业的发展"不是以地区间的经济分工，广大的农民变成商品生产者并依赖市场为前提"，两汉时期"地区间的经济联系和生产生活资料的交换尚未具有经常性和广泛的群众性"，[3]因此，不具备形成国内市场的条件。至此，赵德馨对范文澜提出的中国在战国、秦汉时期已开始形成统一的国内市场和经济中心的观点提出了质疑。据赵德馨回忆，他的这篇学位论文完成以后，其导师尚钺教授专门将此文送给范文澜，范文澜对赵德馨的批评很重视，并且在此以后不再提此观点。

二、两汉的社会性质：奴隶制

1919 年以后，中国学者开始运用唯物史观探讨中国历史的发展，由此构筑了中国古史分期论辩的基础与前提。从 20 世纪 30 年代到 80 年代中期，古史分期论辩大体经历了 30 年代、50 年代至 60 年代初、70 年代末至 80 年代中期三个时期。

1949 年以后，关于中国古史分期的论辩，以 1950 年 3 月 19 日郭宝钧在《光明日报》发表的《记殷周殉人之史实》为起始。此文结合安阳殷墟墓葬发掘，揭示了殷代集体殉葬的史实，并对殉葬者的身份做了不确定的推测："所殉之人，是否皆奴隶，是否皆从事生产之奴隶，作者未敢进一步推断。"郭沫若看

---

[1]　赵德馨. 两汉的商品生产与商业 [M]// 赵德馨. 赵德馨经济史学论文选. 北京：中国财政经济出版社，2002：35.

[2]　赵德馨. 两汉的商品生产与商业 [M]// 赵德馨. 赵德馨经济史学论文选. 北京：中国财政经济出版社，2002：35.

[3]　赵德馨. 两汉的商品生产与商业 [M]// 赵德馨. 赵德馨经济史学论文选. 北京：中国财政经济出版社，2002：90.

到这篇文章后，撰写了《读了〈记殷周殉人之史实〉》一文，他在文中指出："这些毫无人身自由，甚至连保全首领的自由都没有的殉葬者，除掉少数可能是近亲者之外，必然是一大群奴隶，因此，这一段史实正说明殷代是奴隶社会。"①至此，由殉葬者身份的论断，掀起了新一轮的古史分期论辩。这场论辩一直持续到 20 世纪 60 年代初，大体分为三个回合：1950 年至 1953 年为第一个回合，论辩焦点主要是"西周封建论"和"战国封建论"。1954 年至 1956 年为第二个回合，由"西周封建论"和"战国封建论"的论辩演变成"西周封建论""战国封建论""秦汉封建论""魏晋封建论"相互角力，其中，后两者是当时论辩的焦点。至此，关于中国古史分期问题的论辩也达到了高峰。《历史研究》编辑部从数以百计的论辩文章中，选出 42 篇代表作，编成《中国的奴隶制与封建制分期问题论文选集》②和《中国古代史分期问题讨论集》③二书，对前两个回合做了一个小结。20 世纪 50 年代末至 60 年代初，为论辩的第三个回合。这一回合较之前两者，激烈程度渐趋缓和，并呈现出两个明显的特点：一是论辩更加理性化，尽量从深层次角度去思考自己的学术观点，如郭沫若的《关于中国古代史研究中的两个问题》④，围绕"中国奴隶社会的基本特征"和"中国古代史分期的标准"两个问题，概括了 20 世纪 50 年代分期争论的内容，虽仍申明坚持"战国封建论"论，但对其他学说持包容的态度；二是结合中国通史的撰著，各派均从理论阐述到史料解释，对自己的学术观点进行了充实和完善。

　　20 世纪 50 年代中期，国内学界对两汉各生产部门中的劳动力使用情况曾有一番论辩。论辩的焦点在各生产部门中奴隶劳动是否占主导地位或者说奴隶劳动是不是社会劳动的主要承担者。王思治等学者认为，"两汉时代奴隶劳动不论是在农业上、手工业上，都占着主导地位"⑤。另一批学者则认为，两汉的社会性质是农业社会，其生产形式有奴隶制、租佃制、自耕农等，相对其他生产形式而言，奴隶劳动的使用是有限的⑥。产生此分歧的主要原因是对历史文献——《史记·货殖列传》与《汉书·食货志》相关内容的解读上存在差异。

① 郭沫若.读了《记殷周殉人之史实》[N].光明日报，1950-3-21.

② 历史研究编辑部.中国的奴隶制与封建制分期问题论文选集[M].北京：三联书店，1956.

③ 历史研究部.中国古代史分期问题讨论集[M].北京：三联书店，1957.

④ 郭沫若.关于中国古史研究中的两个问题[J].历史研究，1959（6）：1-8.

⑤ 王思治，杜文凯，王汝丰.关于两汉社会性质问题的探讨——兼评翦伯赞先生的《关于两汉的官私奴婢问题》[J].历史研究，1955（1）：28.

⑥ 翦伯赞.关于两汉的官私奴婢问题[J].历史研究，1954（4）：24.

但他们在展开讨论的背后都隐含着相同的分期标准：判断中国古代社会性质的标准是何种生产形式占主导地位，或者说哪一种生产形式是社会劳动的主要承担者。

赵德馨在《两汉》一文中，先判断"两汉农业生产部门的基本生产形式是自耕农，奴隶制农业所占比重有限"。[①]它的特点是存在使用大量奴隶劳动力的大农牧业生产经营单位，这是一种普遍现象。翦伯赞、杜金铭等学者认为，在两汉的生产部门中，使用奴隶劳动的生产形式只是偶然现象。对于此点，赵德馨并未在《两汉》一文中做进一步说明。他在《商品货币关系》一文中，通过新发掘的考古材料[②]对汉代生产部门中奴隶劳动力的使用情况做了补充说明，并得出在西汉前期，南北方都有大型奴隶制生产单位的结论。[③]

赵德馨通过探究两汉的商品生产与商业的发展，分析了先秦至魏晋时期中国古代商品货币关系发展的历史趋势，探究了两汉的社会经济结构性质和变化过程。他发现，两汉的商品生产以奴隶制为基础，商业是奴隶制经济发展的产物，中国古代商品货币关系在两汉时期由盛转衰的根源在于生产结构的变化，并伴随着奴隶制的衰退，租佃制的兴起。至此，可以判断，两汉的社会性质是奴隶制，即证明了他在《两汉》中提出的假设条件。

赵德馨在研究两汉的社会性质或经济形态时，虽然以"两汉的社会性质是奴隶制"为假设前提，但他立论的基础是对两汉经济的历史实际所做的解读。所以，赵德馨从商品生产与商业发展的角度来分析两汉的社会性质，这在历次学界关于两汉社会性质的争论中给人耳目一新的感觉，又对同行学者研究此类问题提供了一个崭新的视角与研究的方式。

三、生产结构的变化：两汉商品货币关系由盛转衰的根源

中国古代商品货币关系的发展为什么会在公元 1 世纪前后发生根本性的逆转？国内学者长期持有的观点是由于战乱的破坏，即"战乱说"，特别是西汉

---

① 赵德馨．两汉的商品生产与商业 [M]// 赵德馨．赵德馨经济史学论文选．北京：中国财政经济出版社，2002：14.

② 赵德馨在该文中对汉代奴隶劳动力使用情况所补充的考古资料有：1975 年在湖北荆州发现的江陵凤凰山 168 号汉墓以及同一地区的 8、9、10、167、160 号汉墓；1976 年在广西贵县发现的罗泊湾 1 号墓；西汉郫县犀浦出土的东汉簿书残碑等。

③ 赵德馨．商品货币关系发展水平与生产结构的关系——以公元一世纪前后为例 [M]// 赵德馨．赵德馨经济史学论文选．北京：中国财政经济出版社，2002：106.

末年农民大起义的爆发。也有一部分学者认为，中国古代货币关系兴衰的根源在于国家财政状况的变化①，即"财政状况说"。赵德馨在《两汉》一文中对此问题进行了初步的探讨，提出了"生产结构说"，并且指出导致两汉商品货币关系由盛转衰的重要原因是社会生产结构的变化②。在《商品货币关系》一文中，他对造成以上转变的原因做了进一步说明，对1956年提出的"生产结构说"进行了补充与完善。

赵德馨在《两汉》一文中对汉代的社会经济结构进行了判断，即"农业和手工业密切结合的带有严重的公社残余的自给体"③。两汉商品生产发展的基础和条件是奴隶制。两汉商业发达的基础是奴隶制生产，发达的根本原因是奴隶制度的发展。奴隶制的发展促进了商业的发展。在西汉时期，商业和商品货币关系的发展，加速了公社残余的瓦解和自耕农的破产，促进了奴隶制的发展，使后者在西汉武帝以及元、成二帝时期达到了顶峰。在此期间，商品货币关系一直呈现向上发展的趋势。

西汉末年，农民大起义的爆发，致使奴隶数量锐减，国力下降，虏获外族奴隶的能力下降，汉代奴隶主获得奴隶劳动力的来源减少。奴隶制经济在东汉难以恢复，商品货币关系开始衰落。在东汉时期，随着国外贸易的兴起，城市贩运商业急剧衰落，农村商品交换更为活跃，农村集市兴起。此时，商业的性质发生转变，其主要体现在以下三个方面：一是金属货币在流通中减少；二是赋税由征货币改为征实物；三是整个社会生产力较西汉一直在衰退。在商业迅速恢复的同时，奴隶制日益衰落，租佃关系开始兴起。商业发展的经济结构基础由奴隶制向租佃制转移。在此期间，商品货币关系一直呈现向下衰落的趋势。

沿着以上思路，赵德馨对两汉商业的发展在不同历史时期对奴隶制所起的作用做出了如下判断：在前期（西汉），商业的发展促进生产和奴隶制的发展；在后期（东汉），商业的发展加速奴隶制的衰落和租佃关系的发展。

如果按照"战乱说"的思路，在公元前1世纪前后，中国古代商品货币关系由盛转衰的转变应该是一个短暂的历史过程。随着战乱的停止，商品货币关

① 中村哲，牟发松.中国前近代史理论的重构——序说[J].魏晋南北朝隋唐史资料，1996(1)：199-216.

② 赵德馨.两汉的商品生产与商业[M]// 赵德馨.赵德馨经济史学论文选.北京：中国财政经济出版社，2002：48-52.

③ 赵德馨.两汉的商品生产与商业[M]// 赵德馨.赵德馨经济史学论文选.北京：中国财政经济出版社，2002：87.

系的发展又会恢复。但赵德馨通过研究中国古代先秦到魏晋时期的商品货币关系发展的历史过程发现，这次转变过程跨越和平时期与战争时期，不因战争的发生而发生，不因战争的停止而停止[①]，呈现出长期的历史趋势。这实际上对"战乱说"提出了质疑。

马克思认为，商品交换的深度、广度和方式都是由生产的发展和结构决定的[②]。赵德馨据此进一步比较了两汉时期社会生产结构在商品货币关系发生转变前后的不同。首先，从生产力与生产结构上看，在农业生产方面，随着生产工具制造技术的进步，生产力水平的发展，两汉前期的小农牛耕、奴隶制大农牛耕的两层次界限逐渐消失，进而奴隶制农业生产相对小农生产在生产工具、动力和技术方面的优势逐渐丧失，竞争力随之降低。在手工业生产方面，随着桑、麻种植与丝麻纺织技术的改进与推广，布帛的生产逐渐从集中于少数地区和富贵者手中扩大到更广泛的地区和普通的农民家庭，小农耕织结合的生产结构逐步得以确立。小农家庭经济相对奴隶制经济在劳动分工和节约机制上更具优势。随着家庭经济自给程度的加强，劳动生产效益的优势逐步从奴隶制经济转移到小农经济。

其次，从生产经营方式上看，到东汉时期，奴隶主可获得的奴隶数量减少，奴隶价格上升，造成奴隶制生产的成本提高，奴隶制生产恢复困难，剩余产品减少。同时，由于小农生产的生产能力提高，剩余产品增多，拥有大量土地和财力的人更倾向于将土地与生产资料租给无地、少地的个体农民经营，并收取地租。租佃制逐步取代奴隶制，整个社会生产的自给程度加强。因此，赵德馨认为，社会生产结构的变化是造成中国古代商品货币关系在两汉之际由盛转衰的根本原因。

日本学者中村哲是持"财政状况说"的主要学者。他认为，中国古代商品货币关系的兴衰是由政府财政收支用钱币还是用布币决定的。中国古代的商品经济以财政为基础，是专制国家以财政和货币为手段所组织的全国性的物资交流[③]。

---

① 赵德馨.商品货币关系发展水平与生产结构的关系——以公元一世纪前后为例 [M]// 赵德馨.赵德馨经济史学论文选.北京：中国财政经济出版社，2002：99.

② 马克思.《政治经济学批判》导言 [M]// 马克思，恩格斯.马克思恩格斯选集.北京：人民出版社，1972（2）：102.

③ ［日］中村哲，牟发松.中国前近代史理论的重构——序说 [J].魏晋南北朝隋唐史资料，1996（1）：199-216.

赵德馨对"财政状况说"也提出了质疑。他指出，政府财政收支用钱币还是用布币是判断商品货币关系兴衰的标志或标尺[①]，具体的政府财政收支的主要货币形式是商品货币关系不同发展水平的变现，商品货币关系的发展是原因，政府财政收支的主要货币形式是结果。

另外，关于两汉商品货币关系发展水平的估计，全汉昇从商品货币关系的兴盛角度，将汉代称为"货币经济时期"[②]。赵德馨对此观点也提出了不同的意见。从社会经济形态的转变来看，是从古代自然经济向中古自然经济的转变，是从奴隶社会自然经济向封建社会经济的转变。这个过程是在自然经济下的社会形态的转变，本质上仍然是具有自给自足性质的自然经济。因此，将两汉称为"货币经济时期"是对其商品货币关系发展水平的高估。[③]

既然自东汉到魏晋时期，中国古代的货币关系的发展一直呈衰退趋势，是否就可论断这次由盛转衰是历史的倒退呢？赵德馨从生产力和生产关系的发展回答了这个问题，提出了不同的观点。

从生产力水平的发展来看，通过比较西汉与两晋时期粟与麦的单位产量，可以发现，每市亩粟的产量，两晋比西汉提高了 51.06%；每市亩麦的产量，两晋比西汉提高了 52%[④]。生产力水平是向上发展的。从生产关系或劳动者对生产资料所有者的依赖关系来看，奴隶对奴隶主的人身依附性或依赖关系强于租客对庄主的人身依附性或依赖关系，生产关系也是向上发展的。因此，商品关系的这种衰退是与生产力与生产关系的"进步变化"相适应的。这是历史进步的一个侧面，不是一种历史的倒退。社会生产力与生产关系并不一定直接决定商品货币关系[⑤]。到目前为止，国内学界还没有学者对这个问题做过类似的分析和解释。

① 赵德馨.商品货币关系发展水平与生产结构的关系——以公元一世纪前后为例 [M]// 赵德馨.赵德馨经济史学论文选.北京：中国财政经济出版社，2002：123.
② 全汉昇.中古自然经济 [M].北京：中华书局，1948：10.
③ 赵德馨.商品货币关系发展水平与生产结构的关系——以公元一世纪前后为例 [M]// 赵德馨.赵德馨经济史学论文选.北京：中国财政经济出版社，2002：121.
④ 高原.魏晋南北朝北方农业耕作方式与人口关系之探讨 [J].中国经济史研究，1995（1）：68-78.
⑤ 赵德馨.商品货币关系发展水平与生产结构的关系——以公元一世纪前后为例 [M]// 赵德馨.赵德馨经济史学论文选.北京：中国财政经济出版社，2002.：99

四、揭示楚国货币的全貌

《楚国的货币》是赵德馨关于先秦两汉时期中国货币问题研究的主要成果体现。该书最大的特点是资料的丰富与翔实，历史文献资料、考古发掘的文物资料以及古人和今人的著录考索成果均相当丰富①。在《楚国的货币》中，赵德馨对楚国货币制度的形成时期、特点、各类货币的性质及历史作用进行了全面的探讨。

首先，赵德馨通过解读历史文献资料与出土文物，判断了楚国货币制度的形成时期——开始于春秋中期以后，即楚庄王时期，基本形成于战国中期。②楚国的货币制度相较于齐、晋等国的货币制度而言，更多地继承了周制，并在周制的基础上进行了一系列改革。例如，改无文铜贝币为有文铜贝币，铸造本国与邻国可直接兑换的铜币，使用贵金属货币，铸造金币与铜币可直接兑换的铜币。赵德馨在探究楚国货币制度的过程中发现，当鈵币是在楚、韩边境地区铸造的可以跨国使用的货币。在当时国内货币史学界相关的研究中，这是一个新观点。另外，对于学界意见分歧很大的"蚁鼻钱出现的时间"这一问题，赵德馨根据出土文物的情况判断：有文铜贝蚁鼻钱是楚国特有的铜币，春秋中叶是楚国贝形铜币从无文向有文转变的主要时期。因此，蚁鼻钱出现的时间大致在春秋中叶。③

在比较楚国与春秋战国时期其他国家的货币制度时，赵德馨发现，依据货币文化的差异，可以将春秋战国时期中国的货币分为两大体系——黄河流域（中原）货币文化体系与长江流域货币文化体系。楚国的货币文化是长江流域文化的代表。④黄河流域货币文化体系与长江流域货币文化体系的不同点在于：从币文看，前者范铸阳文，铨印或为阳文，或为阴文；后者无论范铸还是铨印都是阴文。从币形看，前者货币呈刀形，或铲形，或圜形，由生产工具演变而来；后者货币外形呈龟形，或贝形，由装饰品演变而来。从币材看，前者或为单一的青铜本位或铜本位；后者为多元金属本位。⑤楚国的货币形态最完整、

① 张家骧.对货币早期规律的钩沉与求索——读赵德馨著《楚国的货币》[J].中南财经大学学报，1998（6）：27-28.

② 赵德馨.楚国的货币 [M].武汉：湖北教育出版社，1996：55.

③ 萧清.中国古代货币史 [M].北京：人民出版社，1984：45-51.

④ 赵德馨.楚国的货币 [M].武汉：湖北教育出版社，1996：374-375.

⑤ 赵德馨.楚国的货币 [M].武汉：湖北教育出版社，1996：375-377.

最复杂，也可能是发展程度最高、最充分，因而具有代表性①。

赵德馨在对楚国的货币制度进行探究之后，对该制度下存在的各类货币的性质也进行了探讨。

彭信威在《中国货币史》中，以战国时期的金币并不流通使用为依据，判断战国时期的金币并不是真正的货币。②其中，包括了楚国的金币。汪庆正在考察了楚国金币的使用情况后，发现楚国的金币一般只用于大额支付，使用的人群也仅限诸侯、贵族等。不仅使用范围很小，而且仍被当作商品售卖。因此，判断楚国的金币不是真正的货币。③

赵德馨认为，判断楚国的金币是否是真正的货币，要考察它是否发挥了货币的五种基本职能。对此，他结合历史文献的记录与出土文物的情况，分别考察楚国的金币是否发挥了价值尺度、贮藏手段、支付手段、国际货币和流通手段等功能。

在价值尺度方面，《资治通鉴》《吕氏春秋·异宝》《公羊传》《管子》等文献都有用金币衡量商品或人的价格的记载。在贮藏手段方面，楚国设有"三钱之府"与"方府"。其中，前者是楚国国家贮藏货币的地方，后者是楚国王室贮藏金币的地方。在1950到1991年间，楚国金币的出土次数超过90次，分布于80多个地方。这些出土的金币，一部分属于装于铜鼎、铜壶的个人窖藏。在支付手段方面，《韩非子·说林下》《战国策·周策》《战国策·楚策》等文献记载了以楚国的黄金支付土地租金、计算盈利金额以及作为赏赐、贡献、馈赠、贿赂、王室财政开支等情况。在国际货币方面，《左传》《管子·轻重乙》等文献载有当时从事国家间贩运贸易的商人使用楚国的金币进行支付的情况。另外，楚国的金币在今陕西、山东等非战国时期楚国版图内的地区也有出土。在流通手段方面，《战国策·周策》《史记·廉颇蔺相如传》《管子》以及出土的楚国竹简等历史文献也都有相关的记载。此外，国内已出土的钣金大多数被切割，并且金币上有"郢爰"钤印，刻纪重或纪成色等。赵德馨依此推断，楚国金币在当时应经常被用于交换使用。④结合历史文献的记录与出土文物的情况，赵德馨判断楚国的金币在战国时期已具有了货币的五种基本职能。因此，它应是真正的货币。

①　赵德馨.楚国的货币[M].武汉：湖北教育出版社，1996：381.

②　彭信威.中国货币史[M].北京：群联出版社，1954：9，32，33，182.

③　汪庆正.中国钱币研究的现状及其展望[J].中国钱币，1983，000（1）：5-9.

④　赵德馨.楚国的货币[M].武汉：湖北教育出版社，1996：178-189.

恩格斯在分析古代社会发展进程时指出，在野蛮时代的高级阶段，即铁剑、铁犁、铁斧时代，发生了第二次社会大分工，奴隶制从零散现象成为社会制度的一个本质的组成部分。随着生产分为农业和手工业这两大主要部门，出现了直接以交换为目的的生产，即商品生产，随之而来的是贸易，不仅有部落内部和部落边界的贸易，还有海外贸易。然而，所有这一切都还很不发达；贵金属开始成为占优势的和普遍性的货币商品，但是还不是铸造的货币，只是简单地按重量交换罢了。

据此，赵德馨将研究对象从楚国的金币扩展到战国时期的金币。他认为，战国时期的金币正处于恩格斯所说的这个发展阶段，并利用希克斯提出的"实物铸币"来称呼这个发展阶段中战国时期的金币。[①]

汪庆正等学者还认为，楚国的银币实质上不是流通货币或不做流通使用。因此，它不是真正的货币。[②]赵德馨对判断楚国的银币是否是真正货币的关键在于它是否是流通货币的观点表示认同。直到1983年，他对此问题还没有一个肯定的结论。[③]后来，在新出土文物的基础上，赵德馨写了《楚国金属货币的币形》一文，开始认定楚国的银币是流通货币，也是真正的货币。楚国的银币在金属货币的演变阶梯上，比楚国的金币更高一级，处于从称量货币到计量货币的过渡阶段。但是，随着秦统一中国，废除白银为币，中断了它向前发展的过程。[④]

五、论证布币的实体是布匹

关于先秦时期是否存在"布币"这一问题，国内货币史学界长期以来形成的定论是布币就是铲币。周谷城曾对此提出疑问，认为不应该将铲币称作布币，并且认为布币这个名称是不成立的。[⑤]赵德馨发现，在《汉书·食货志》中，班固叙述秦统一之前的货币制度是凡货：金、钱、布帛之用。1975年12月，在湖北省云梦县睡虎地出土了《金布律》秦简。1984年，湖北省江陵县汉墓中出土了汉金布律条文。根据以上历史文献记录与出土文物情况，他有了以下判断：第一，在战国时期，布币之名是存在的，反驳了周谷城认为不应有"布币"

①　赵德馨.楚国的货币 [M].武汉：湖北教育出版社，1996：195.
②　汪庆正.中国钱币研究的现状及其展望 [J].中国钱币，1983（1）：5-9.
③　赵德馨.中国经济史辞典 [M].武汉：湖北辞书出版社，1990：75.
④　赵德馨.楚国的货币 [M].武汉：湖北教育出版社，1996：210.
⑤　周谷城.略论中国古代货币中的"爰"与"布" [N].光明日报，1978-3-16.

一名的观点。第二，布币的实体是布匹，而不是金属铸币，反驳了学界长期将金属铲币等同于布币的观点。[①]

赵德馨对布币在春秋战国时期的使用情况做了进一步的考察，发现布币是春秋战国时期的主要货币之一，布匹作为货币，最迟不会晚于春秋前期[②]，并且直至战国末年仍然是主要的货币之一[③]。布币之所以能在金属货币产生之后仍然长期存在，他认为有以下三方面的原因。

一是货币形态演进的过程与规律。货币形态发展具有的共同规律是自然货币—生产物货币—金属货币。在生产物货币到金属货币的发展过程中，在金属货币产生之后，会存在形制、文字、重量、成色等方面的不一致，使得其流通范围非常有限。布匹最起码在形制上可做到统一，因而可以在割据状态下的各国、各地区间流通。因此，布币在货币由实物货币到金属货币的过渡时期，起着承前启后的作用。

二是生产力与商业的发展水平。赵德馨认为，直接的决定因素是商业的发展水平，根本的原因是生产力的发展水平。在生产力发展的特定阶段，布币起到以下两个作用：其一，布币在金属货币的供给无法满足商品交换需求时起到了补充作用。其二，布币可以作为贵金属货币与贱金属货币之间的中介货币，既可以做中等数额的交易之用，又可使两者在比价上衔接起来。

三是作为币材的布匹的特点与优点。布匹具有既可以作为货币又可作为衣被材料的双重性，使其在使用和制造中具有广泛性的特点。当它作为货币使用时，不必特殊规定它的形制与文字；当它不作为货币使用时，又可以用作衣被等物品的制作材料，使其在生产、使用和贮藏中又具有群众性的特点。

六、提出破解西汉"黄金热"退潮的新思路

黄金在西汉的大量使用和在东汉的"突然消失"，是中国古代经济史中的一个未解之谜。据彭信威统计，西汉时期仅皇帝赏金数目就达90万斤，约合今天的273.4吨[④]。据《汉书·王莽传》记载，新莽灭亡时，仅集中在王莽宫中的黄金就达70万斤。然而，这个"黄金时代"到东汉便"突然"终止了。

① 赵德馨，周秀鸾.关于布币的三个问题[J].社会科学战线，1980（4）：205-209.
② 赵德馨.楚国的货币[M].武汉：湖北教育出版社，1996：307.
③ 赵德馨.楚国的货币[M].武汉：湖北教育出版社，1996：310.
④ 彭信威.中国货币史[M].北京：群联出版社，1954：70-71.

一千多年来，人们对此议论纷纷。

关于西汉的"黄金热"，在 20 世纪 50 年代，部分学者对西汉时期存在的"黄金"是否真如文献记载的那样多提出质疑，并怀疑西汉时史籍中的"金"都是或至少部分是指铜。早在晋、唐之际，颜师古在注《汉书》时就声称该书中"凡言黄金，真金也"，"金"则是铜钱的计量单位（一金等于万钱）[①]。郭沫若也说，自战国以来，"一金"就是指一两铜。还有人认为，当时的"金"或"黄金"实际上是黄铜[②]。但是这些说法也引起了不少学者的反对[③]。秦晖认为，由于史籍中许多地方的"金"或"黄金"实难解释为铜，而化学史、冶金史方面的研究已证明中国规模性的黄铜冶炼是很晚的事，加之汉金实物的不断发现，到 20 世纪 90 年代初，汉金为铜的说法已渐无人提起，而汉代"黄金很多"亦渐成公论[④]。

东汉以后，史籍中称使用黄金的现象明显减少，是何原因？从北宋起，人们便试图解开这个谜题。北宋初年，杜镐首创"佛教耗金说"，即汉代佛教未兴，故金价甚贱[⑤]。汉以后佛教传入，大量黄金用于塑金身、写金经，致使黄金缺乏，金价大涨。明朝的顾炎武[⑥]、清朝的赵翼都持其说。赵翼还补充了一个理由，即汉以后"中土产金之地已发掘净尽"。今人对这一理由大都持否定态度，而另寻理由来补充"佛教耗金说"。彭信威强调，两汉外贸入超，黄金外流；王莽的黄金国有政策导致黄金流通速率下降；工艺器饰方面对金的需求增加[⑦]。傅筑夫则主要强调，东汉商品经济大衰落致使市场对黄金需求急剧减少，因格雷欣法则的作用使劣币驱逐良币，黄金被"驱逐"出市场而变成了窖藏[⑧]。秦晖则认为，"汉金消失"的实质是古典商品经济衰落、中古自然经济兴起所导致的黄金器饰化或黄金通货萎缩。它是一个长期的历史过程，"汉金消失"的突然性则是一个"没有谜底也无须寻求谜底的人为之'迷'"[⑨]。

---

① 周晓瑜.颜师古《汉书注》试析 [J].山东大学学报：哲学社会科学版，1984（2）:8.

② 潘朝业.汉"金"存疑 [J].文史哲，1956（9）：51.

③ 劳干.汉代黄金及铜钱的使用问题 [J]."中央研究院历史语言研究所"集刊，1971（12）：341-389.

④ 秦晖.汉"金"新论 [J].历史研究，1993（5）：15.

⑤ 陈振.宋史：列传第五十五 [M].上海：上海人民出版社，2003：6724.

⑥ 顾炎武.日知录：第十一卷 [M].长春：北方妇女儿童出版社，2001：46.

⑦ 彭信威.中国货币史 [M].北京：群联出版社，1954：73-77.

⑧ 傅筑夫.中国封建社会经济史：第二卷 [M].北京：人民出版社，1981：518-521.

⑨ 秦晖.汉"金"新论 [J].历史研究，1993（5）：15.

赵德馨根据出土文物的情况认定，直到西汉初期，楚国的金币仍然在流通。汉文帝至汉武帝时期，汉王室和政府集中了大批黄金并对黄金统一定型和更名，楚金币在此期间消亡。赵德馨提出，随着商品流通的扩展，货币的功能日益增多，人们的求金欲日趋强烈，逐渐形成了一股黄金热。黄金热随着黄金成为货币而兴起。由于黄金首次在中国历史上成为币材是在楚国，所以黄金热首先出现在楚国。[①] 也就是说，西汉"黄金热"形成的源头在楚国。

赵德馨依据《汉书》记载的汉王室与政府对民间私自采金与盗铸伪金币者给予的严厉打击，判断西汉时期实施的抑商政策是黄金热退潮的一个原因。另外，他根据《史记·货殖列传》《汉书·地理志》《盐铁论·通有第三》《韩非子》等历史文献的记载，判断黄金资源与采金技术的变化是黄金热退潮的第二个原因。至此，赵德馨为解释中国历史上第一次黄金热退潮的原因提供了一个新思路：从黄金的生产上来考虑。[②]

赵德馨关于先秦两汉时期中国货币史研究的聚焦点是楚国的货币问题。除此之外，他还通过考察西汉前期（公元前 206 年—公元前 113 年）币制改革的两个阶段，对汉武帝时期施行五铢钱制度的历史过程、原因与经验进行了详细的探究[③]。他认为，五铢钱制度的确立，是西汉前期 94 年间 12 次改革的最终成果。深入分析其改革的过程及其经验，对经济史学、经济学、历史学等诸学科的建设具有重要意义，对当前及今后的改革具有可借鉴的价值[④]。另外，他还考察了《史记》中记载的"秦钱重，难用"[⑤]的历史真相。他指出，"'秦钱'，指的是秦的铜（青铜）币半两钱。'重'，在物理学上是指钱的青铜重量，在经济学上是指'货重物轻'中的货重。这两者是一致的。前者是物质基础，后者是在市场上的表现。'难用'，是指这种货币在交换与日常生活中不便使用"[⑥]。同时，他提出，在研究古代货币问题时，对历史文献的内容，不要以自己生活年代"现时的金钱感觉"去替代"当时的金钱感觉"，从而轻易地提出质疑。这表达了他对史料解读的一个态度：不要用当下的观

① 赵德馨. 楚国的货币 [M]. 武汉：湖北教育出版社，1996：425.

② 赵德馨. 楚国的货币 [M]. 武汉：湖北教育出版社，1996：427-428.

③ 赵德馨. 西汉前期的币制改革与五铢钱制度的确立（上）[J]. 武汉金融，2008（12）：4.

④ 赵德馨. 西汉前期的币制改革与五铢钱制度的确立（下）[J]. 武汉金融，2009（12）：57.

⑤ 司马迁. 史记 [M]. 上海：中华书局，2006：1417.

⑥ 赵德馨."秦钱重，难用"考释——兼论《史记》中币值的"矛盾"[J]. 武汉金融，2013（11）：3-4.

念去解读史料记载时期的观念，要充分考虑到当时的历史背景与细节，仔细分析后再下结论。因此，他认为，对待历史文献资料，需要做到以下两点：一是在根据不足时，不要轻易地对经典著作的字句做出改动、做注释；二是对前人的注解，要细心分析，不可一律作为立论的根据。①

第三节　赵德馨的中国近代经济史实研究

赵德馨关于中国近代经济史实的研究主要有三个方面的内容。其一，探索中国近代经济转型的特点与历史过程。20 世纪 80 年代中期以后，赵德馨开始以经济现代化为主线研究中国近代经济史，着重考察了中国经济现代化起步时期的历史过程。在中国近代经济转型方面的研究过程中，他共发表专题论文 11 篇。在其主编的教材《中国近代国民经济史讲义》（下文简称《讲义》）、《中国近代国民经济史教程》（下文简称《教程》）、《中国近现代经济史 1842—1991》中，赵德馨对中国近代经济形态的发展过程有过详细的描述。他以经济现代化为主线的研究成果，包括 13 篇专题论文、1 部专著以及 2 本中国近代经济史教材，关于此方面的认识，主要体现在《教程》《中国近现代经济史 1842—1991》《近代中西关系与中国社会》3 本书中。其二，对太平天国的经济政策做专题研究。为此，他发表了 7 篇专题论文，编写了目前国内外有关太平天国经济政策最全面的资料集——《太平天国财政经济资料汇编》。其三，沿着经济现代化的思路开展专题研究，探讨不同群体的经济活动对中国经济现代化的影响。涉及的专题有考察张之洞开展的经济活动与编写《黄奕住传》等。为此，他共发表论文 8 篇、出版专著 1 部、主编资料集 1 部。

赵德馨对中国近代经济史实研究的贡献主要体现在以下三个方面。第一，将中国近代经济的现代化过程与近代中西关系的演变相结合，探讨了近代中西关系的变化对中国社会与经济发展的影响。第二，对太平天国的经济政策进行了翔实的考察，对学界已有的一些认识提出了质疑。例如，他通过考察《天朝田亩制度》的刊印与发放情况，提出了《天朝田亩制度》不是正式的经济政策，未真正付诸施行的观点。他还编写了一部目前国内外有关太平天国经济政策的

---

① 赵德馨."秦钱重，难用"考释——兼论《史记》中币值的"矛盾"[J].武汉金融，2013（11）：3-4.

最全面的资料集——《太平天国财政经济资料汇编》，为该领域的研究提供了翔实、可信的史料依据。第三，创新地提出以经济现代化为主线研究中国近代经济史的观点，并将研究的视角放在开展具体经济活动的不同人群身上，对中国经济走向现代化的不同方案及其道路进行了考察。

一、近代中西关系对中国近代经济发展的影响

关于近代中西关系对中国近代经济发展的影响的研究，主要体现在由赵德馨、周秀鸾、姚会元、班耀波合著的《近代中西关系与中国社会》一书中。该书围绕近代中国与西方国家的关系及其对中国社会的影响这个中心问题，结合定性与定量分析的方法，论述了近代中西关系的变化过程，阐述了近代中西关系的特殊性及其所决定的近代中国社会的特殊发展道路。

该书完成于 20 世纪 90 年代初。当时，中国的经济在实行改革开放后已取得了一系列的成就。在取得这些成就的同时，时人普遍关注的一个问题是"中国的经济体制改革是否过多地引进了资本主义手段"[1]。对此，有人提出了一系列的疑问："现在对外开放，把一块块的土地租给外国人，这与中国近代史上的租借地有何不同？""与发达国家相比，中国为什么这么穷，贫富的差距为什么如此大？""生产力不发达的中国先于生产力发达的西方国家建立起社会主义社会，这是偶然的机遇造成的，还是一种历史的必然？"赵德馨认为，要回答以上的问题，有必要在中国近代历史发展的实际中寻求答案。

因此，赵德馨等学者从以下六个方面探讨了近代中西关系对中国社会发展的影响。

第一，资本主义入侵与中国社会发展方向的变化。西方国家通过战争入侵中国，通过签订不平等条约以获得在华经济特权，由此产生了一种特殊的中西关系环境，使中国近代社会发展和近代化过程拥有特殊性。这种特殊性集中表现在：中国社会发展离开了原有的独立自主的、正常的前进轨道，发生了方向性的变化。中国开始了近代化的进程，这个进程却不能完成。中国产生了资本主义经济，这种经济却不能顺利发展。中国发生了资产阶级革命，这种革命却不能成功。与中国实行改革开放政策后的主动开放不同，近代中国的开放是被动的。

第二，近代中西关系对中国传统社会的影响。在近代中西关系相互影响方

---

[1] 科斯，王宁.变革中国[M].徐尧，李哲民，译.北京：中信出版社，2013：158.

面，西方国家在政治、军事、经济、科技等各方面都处于领先的位置。因此，西方国家是按照自己的面貌与利益影响中国的社会制度，中国对西方国家的社会制度影响则甚小①。在中国的封建制经济结构中，农业是基本的生产部门。在近代中西关系从开始到结束的历史过程中，农村经济是中国近代对外经济关系的经济基础。中国农民和西方资产阶级的关系成为首要的、基本的关系。农民则成为对外经济关系的主要承受者。赵德馨等人在这里对胡绳的观点，即"（近代中国）农村的绝大多数还处于自然经济和半自然经济，几乎没有或者只有极少量的商品经济。所以，对于占中国最大部分人口的地区来说，其实并没有对外开放"②，提出了质疑。

第三，近代中西关系与中国近代社会中新事物的产生。赵德馨等人认为，在中国近代史上，影响最大、最为根本且最具有新生事物性质的是中国资本主义经济的产生。中国资本主义性质企业的产生，这既是学习西方国家之后产生的成果，也是中国封建社会中原有的具有资本主义萌芽性质的手工作坊与工场在新的环境下发展的产物；既有中国政府投资的，也有私人创办的；既有被西方国家扼杀的，也有得到西方国家的工人、科技人员帮助的。它是一种合力的产物，充满了矛盾。在各种力量中，推动力最大的是中国人民在社会生活各个领域反抗西方国家侵略的斗争与善于向西方国家先进事物学习的实践活动。赵德馨从分析历史的实际情况出发，对于把近代中国发生的新事物归因于西方国家侵略的观点提出反驳与批评。

第四，在近代中西关系中，西方国家对中国财富的掠夺与破坏。在国内学界以往的相关研究中，绝大多数论著大都做如下的描述："帝国主义侵略使中国损失了大量财富"，"帝国主义从中国掠走了大量的财富"。"大量"是多大的量，未做交代。或以"仅战争赔款的本息不下 10 亿元"为例，列出具体的数量，但其资料的可靠性存疑。因此，赵德馨等人根据能掌握到的"不甚完整"的资料，做了一个初步的估计。他将"西方国家对中国财富破坏的惨重，掠夺财富的凶狠"的历史真相展现给读者，揭示了近代中国贫穷的历史根源在于当时的中西交往的本质是西方国家对中国财富的掠夺与破坏。

第五，近代中西关系与中国的贫富变动。近代中西关系开始之后，一般认为，中国的经济是"日益贫穷"。赵德馨等人从动态的、发展的观点对近代中

①　赵德馨，周秀鸾，姚会元，等.近代中西关系与中国社会[M].武汉：湖北人民出版社，1993：19-30.

②　胡绳.关于近代中国与世界的几个问题[N].人民日报，1990-10-17.

国国民收入的变化情况进行研究，他们发现，中国的财富数量在总体上是增长的，同时，西方国家掠夺中国财富的数量也在增长。在这"两个增长"的过程中，中国的国民收入在缓慢增长，而西方国家国民收入的增长更快，双方的贫富差距在扩大。由此，深刻地揭露了西方国家对中国人民财富榨取的长期性与残酷程度。

第六，近代中西关系与中国社会发展的道路。由于近代中西关系的影响，中国一方面产生了诸多新事物，促进了经济的发展与生产力的提高，产生了资本主义经济成分。另一方面，因为西方国家在中国获得的特权，以及西方国家对中国在经济、军事、科技各方面优势的扩大，使中国对西方国家的依附程度加深。中国由独立的国家逐步沦为半殖民地半封建的国家。因此，中国无法走上西方国家由封建主义发展到资本主义的道路。与此同时，在西方国家中出现了新的社会制度——社会主义，苏俄以马克思主义为指导建立了社会主义国家。先进的中国人有了新的学习对象，这批先进的中国人在结合中国国情学习与实践马克思主义的过程中，创造了新民主主义理论，并以新民主主义社会取代了半殖民地半封建社会。因此，中国走上新民主主义——社会主义道路，不是由于生产力发展水平高，而是在特殊的中西关系环境下，中国人民对发展道路选择的结果。近代中国的历史是中国人民反对西方侵略，主动学习西方推动中国社会向前发展的历史，中国历史发展的主体是中国人民。

二、太平天国的经济政策

赵德馨在研究生阶段阅读并收集了一些有关太平天国经济政策的文章与资料，对太平天国的经济政策做了初步的研究。在 1958 年出版的《中国近代国民经济史讲义》中，对太平天国经济政策进行了专章说明，这在当时中国近代经济史学著作中是首创。1961 年春，严中平邀请赵德馨加入自己主持的《中国近代经济史》编写组，并由他专门负责太平天国部分，这使他可以专心研究太平天国的经济政策，并在此时期形成了《论太平天国实行的土地政策》[1]一文以及一系列相关专题论文的底稿。1964 年，由严中平主持的《中国近代经济史》编写组解散，赵德馨也被学校安排参加"四清"运动，随后又调到中共湖北省委理论工作小组办公室，接着是"文化大革命"，他关于太平天国经济政策的研究不得不完全中断。[2]

---

[1]　赵德馨.论太平天国实行的土地政策[J].中南财经政法大学学报，1982（1）：106-114.

[2]　赵德馨.太平天国财政经济资料汇编[G].上海：上海古籍出版社，2017：454.

如前面所述，在 20 世纪 50—60 年代，史学界关注的问题是"五朵金花"。关于太平天国的研究则涉及"五朵金花"之一的中国封建社会农民战争问题。其中，史学界争论的焦点是中国农民战争是否具有反对地主阶级和封建制度的性质。[①]1951 年 1 月 11 日，《人民日报》发表《纪念太平天国革命百周年》社论，指出太平天国的土地纲领一方面固然表现了在封建压迫下的农民对于土地的革命要求，但另一方面，它终究只能是从农民阶级的狭隘眼光出发的一个平均主义的图案，在实质上仍是带有反动性的。同年，范文澜在《中国近代史》中概述了太平天国的始末，认为它是"中国历史上第一次提出政治、经济、民族、男女四大平等的革命运动"[②]。1956 年，范文澜在《人民日报》发表《纪念太平天国起义一百零五周年》一文，认为《天朝田亩制度》是以小农经济为基础的平均主义思想，一方面有巨大的革命性，另一方面在实质上又带有反动性[③]。1957 年，郭毅生发表《略论太平天国革命的性质》一文，对范文澜的观点提出了不同的意见。他认为，《天朝田亩制度》是一个彻底反封建的、资产阶级性的农民土地纲领，进步性与革命性是它的本质，它在当时历史条件下，不带有任何反动的实质[④]。此后，史学界围绕这两种不同意见展开了一场大规模的争论。

赵德馨认为，要了解太平天国的历史地位，必须对当时中国社会历史条件、革命参加者的主观要求、实际行动及其所推行的经济政策进行分析。太平天国与中国历史上的其他农民起义最大的不同，是它发生在中国开始走上半封建半殖民地社会发展道路的时代。在这个时期，封建制度早已进入末期，它的危机日益严重，商品经济和资本主义关系密切，外国资本主义已经侵入，与现存的统治政权有着条约特权的利害关系。因此，革命的参加者在承担反封建的任务之外，还要承担反对外国资本主义侵略的任务。[⑤]

恩格斯在分析欧洲资本主义发展阶段的空想社会主义产生的社会背景时写道："不成熟的理论，适应着不成熟的资本主义生产，不成熟的阶级关系。解决社会问题的方法，既然还在不发展的经济关系隐藏着，那么不得不从头脑中发

① 历史研究编辑部.建国以来史学理论问题讨论举要 [M].济南：齐鲁书社，1983：206.

② 范文澜.中国近代史 [M].北京：人民出版社，1951：186.

③ 范文澜.纪念太平天国起义一百零五周年 [N].人民日报，1956-1-11.

④ 郭毅生.略论太平天国革命的性质 [J].教学与研究，1957（2）：9.

⑤ 湖北大学政治经济学教研室.中国近代国民经济史讲义 [M].北京：高等教育出版社，1958：105.

明出来、创造出来。……这些新的社会体系，预先就被判定不得不陷于空想，它们愈是被规定得详尽细密，则愈是堕于纯粹的幻想。"① 依此，赵德馨考察了《天朝田亩制度》的内容和太平天国土地政策的实际施行情况，发现太平天国一方面根据农民的利益和自己的知识，设计未来社会的蓝图。另一方面又根据现实情况，谨慎地对待一切变革。在一再刻刊《天朝田亩制度》的同时，一直明令承认私人对土地的所有权，承认现存的租佃关系，将某些形式的封建土地以及特殊地区的土地没收归公。两种土地政策是平行进行的②。《天朝田亩制度》的基本内容是农业社会主义思想。它的提出不是偶然的，而是"反映了封建社会末期商品经济的广泛发展和资本主义关系已经萌芽"③。从太平天国提出的《天朝田亩制度》这一历史事实来看，它走上了更高阶段，是农民觉悟性提高的表现之一④。但是，实际上太平天国并没有颁布分田给农民的政策，也没有动员和组织农民去对抗地主阶级。这又表明农民不代表新的生产方式，提不出和建立不起一种新的生产方式，……农民革命可以建立自己的军政府性质的"农民政权"，然而始终不能建立自己的经济基础。这是农民革命最终会失败的根源所在。⑤

赵德馨在《讲义》的第三讲第一节中，还对太平天国的商业政策演变过程以及平均主义的生活制度演变过程做了详细的考察。通过对史料的解读，他发现，太平天国的商业政策经历了一个由禁止到鼓励、保护的演变过程。太平天国所幻想的绝对平均主义制度，实际上又是与不平均、不平等同时存在的。因此，"在历史上，绝对平均主义是永远不可能实行的"。⑥ 通过研究太平天国的经济政策，赵德馨认为，太平天国经历了一个从初期的坚决主张废除一切私有制到全面同意建立资本主义制度的历史过程。太平天国实行的各种经济政策从一定程度上促进了商品经济和资本主义关系的发展。但是，太平天国的领导者们却对资本主义制度没有很清楚的认识。在当时的中国，既没有建立消灭一切

---

① 恩格斯.社会主义从空想到科学的发展 [M].北京：解放出版社，1949：47-48.

② 赵德馨.论太平天国实行的土地政策 [J].中南财经政法大学学报，1982（1）：106-114.

③ 湖北大学政治经济学教研室.中国近代国民经济史讲义 [M].北京：高等教育出版社，1958：113.

④ 赵德馨.论太平天国实行的土地政策 [J].中南财经政法大学学报，1982（1）：106-114.

⑤ 赵德馨.论太平天国实行的土地政策 [J].中南财经政法大学学报，1982（1）：106-114.

⑥ 湖北大学政治经济学教研室.中国近代国民经济史讲义 [M].北京：高等教育出版社，1958：138.

私有制的社会主义制度的社会基础，也没有建立资本主义制度的物质条件。从《天朝田亩制度》到《资政新篇》，最终都成为空想的纲领。① 因此，农民阶级如果没有先进阶级的领导，就不能得到本质的改革②。太平天国的失败，使长期积累起来的农民革命力量削弱，短期无法恢复。加上两次鸦片战争之后，中国资本主义发展的条件遭到破坏，这使中国缓慢地发展到独立资本主义社会的可能性完全丧失，中国走上了半殖民地半封建社会的道路。③

1963 年冬，上海人民出版社的一位副主编曾到赵德馨家中约稿，邀请他写一本关于太平天国与土地问题的书。1979 年，该社重申之前的约定。这促使赵德馨决定重新拾起已中断将近 16 年的太平天国经济问题的研究。到 1983 年，他为此共做了五件事情。一是收集并阅读了 1964 年以来新发现和新出版、发表的太平天国资料，将重要段落抄在资料卡片上。二是将资料卡片分类，并将繁体字改写为简体字。三是依据资料卡片的分类，重新拟订提纲。四是请了两位教工和 12 个学生，将 1961 年以来写在卡片上的资料，誊写在稿纸上。五是对 1960 年写的个别专题论文的底稿予以补充，交期刊发表。在写作过程中，赵德馨对有关资料进一步系统化，并在此基础上，发表了 4 篇专题论文，其中《论太平天国的"着佃交粮"制》一文被《中国社会科学》杂志翻译成英文发表在其英文版上 ④。

20 世纪 50 年代，国内史学界对太平天国的土地政策进行了集中探讨，得出的基本结论是"太平天国虽然颁布过《天朝田亩制度》，但实际上仍然是'照旧交粮纳税'，即承认封建地主土地所有制，准许地主收租"⑤。赵德馨在《讲义》中基本上采纳了此观点。1979 年以后，在接触了新的研究成果和历史资料后，他对此问题提出了不同的看法：太平天国在允许地主收租的同时，又制定了"着佃交粮"政策，允许农民只交粮，不还租。"着佃交粮"制的实行，促

① 湖北大学政治经济学教研室 . 中国近代国民经济史讲义 [M]. 北京：高等教育出版社，1958：143.

② 湖北大学政治经济学教研室 . 中国近代国民经济史讲义 [M]. 北京：高等教育出版社，1958：155.

③ 湖北大学政治经济学教研室 . 中国近代国民经济史讲义 [M]. 北京：高等教育出版社，1958：57.

④ 赵德馨 . 论太平天国的"着佃交粮"制 [J]. 中国社会科学，1981（2）：9.

⑤ 李书源 . 关于"着佃交粮"制性质的几个问题 [J]. 吉林大学社会科学学报，1993（2）：59—65.

进了土地实际占有状况发生，有利于农民的变化和小土地占有者的增加①。因此，"着佃交粮"制是太平天国打击地主阶级的重要措施。同年发表的《重议〈天朝田亩制度〉的性质》一文，也是他在接触到新资料后对旧观点的质疑。《天朝田亩制度》在制定之初就没有准备实行，它不是一个政策文件，而是一种宗教性文献。它对于太平天国的官员和群众是"秘而不宣"的，对外来的"洋兄弟"又是主动赠予的。②

1984 年以后，赵德馨先后承担了三个大项目的任务③，再加上他开始带硕士研究生，这使他的教学与研究任务十分繁重，没有余力再进行太平天国经济问题的研究。因此，他不得不再次中断太平天国经济资料的整理工作。一直到2008 年，他仅在 1993 年发表了一篇专题论文——《论太平天国的城市政策》。

《论太平天国的城市政策》一文不同于之前发表的太平天国经济问题的专题论文，该文将太平天国实行的城市政策置于中国经济现代化的历史过程与中国历史上城与市关系演变的大背景下做考察。他发现，太平天国实行的城市政策是其领导人将太平军这种结构最为简单的社会组织，行之于结构最复杂的城市之中，突出地反映了他们思考与处理复杂社会问题时思维方式上的简单化特征。因此，观察和处理社会问题的简单化思维方式，是太平天国失败的深层原因④。

2009 年，赵德馨以"太平天国财政经济资料汇编"为题申报了国家清史委文献工程项目，并以此为契机再次重启了太平天国经济资料的整理工作。从2009 年 12 月立项申请获准到 2017 年 7 月《太平天国财政经济资料汇编》出版，赵德馨主要做了五件事情。一是收集并阅读了 1984 年以来新发现的和新出版、发表的太平天国资料，将重要的段落摘抄出来，补充新资料约 40 万字。二是将旧版本的资料与新版本的资料对照，一方面校对有无错误，另一方面标明新版本的册次与页码。三是根据资料重新拟定提纲，按照提纲重新将资料分类，重新打印成册，呈交清史委审核。四是根据清史委反馈的专家意见，进行修正。五是该稿结项后，2015 年经清史委出版中心联系，上海古籍出版社同意出版，在编辑提出修改建议的基础上，他请其夫人周秀鸾教授再次将全稿与

---

① 赵德馨 . 论太平天国的"着佃交粮"制 [J]. 中国社会科学，1981（2）：9.

② 赵德馨 . 重议《天朝田亩制度》的性质 [J]. 江汉论坛，1981（1）：114–120.

③ 主持《中华人民共和国经济史》课题组，主编《湖北省志·工业志稿》和《张之洞全集》。

④ 赵德馨 . 论太平天国的城市政策 [J]. 历史研究，1993（2）：49–62.

原文核对，力求准确。[①] 赵德馨希望借《太平天国财政经济资料汇编》的出版，尽可能地掌握全面的资料，推动学界对太平天国的研究进入一个新的阶段。

三、不同群体开展的经济活动对中国经济现代化进程的影响

从 20 世纪 90 年代开始，赵德馨开始围绕中国经济现代化这条主线，开展了多项专题研究，分析不同的群体选择的经济发展道路有何不同，他们最终成功或失败的根源是什么，对中国经济现代化的进程起到了什么作用等。其目的是突出在中国经济现代化的过程中人的作用。赵德馨完成于 1993 年的《论太平天国的城市政策》，是他随着研究视角的转变，从经济现代化的角度，以太平天国的城市政策为对象，重点说明太平天国实行的经济政策体现了其领导群体"观察和处理社会问题的简单化思维方式"，违背了中国经济现代化的历史演变规律。[②] 所以，近代中国以太平天国为代表的农民阶级无法靠自身的力量引领中国走向现代化的道路。除此之外，赵德馨还分析了官僚、士绅、商人等群体对推动中国经济现代化所采取的模式。

以洋务派为代表的清政府官僚集团，以维持清政府的统治为目的，提出"自强求富"的口号，从推动军事工业现代化着手，兴办了一批大型现代企业。赵德馨首先考察了洋务派为推动中国工业化在技术政策、工业化顺序和经营形式方面所做的选择，认为洋务派在有关近代工业起步的以上几个问题的决策，合乎当时的世界潮流和中国的政治经济形势。20 世纪 50 年代，史学界包括赵德馨本人在内对洋务派兴办近代工业的决策是批评多于肯定，是"失之偏颇"的。而在洋务派兴办近代工业之后，中国在工业化方面取得成绩有限，他认为应该从经济决策之外和之后的经济决策中寻找原因。[③]

在清政府的官僚群体中，赵德馨选择了张之洞作为研究对象。当时国内史学界研究张之洞所参考的主要文献资料是北平文华斋 1928 年刊本《张文襄公全集》。他在阅读相关文献时，发现很多史料是《张文襄公全集》没有的，因此，他产生了补全史料并编写一本《张之洞全集》的念头[④]。受这一念想的驱使，他又花费了 20 年时间。为了编好这本《张之洞全集》，并为研究相关问题的学者提供真实、全面的历史资料，赵德馨给自己定了一个目标：文献求完

① 赵德馨 . 太平天国财政经济资料汇编 [G]. 上海：上海古籍出版社，2017：454.
② 赵德馨 . 论太平天国的城市政策 [J]. 历史研究，1993（2）：49-62.
③ 赵德馨 . 洋务派关于中国近代工业起步的决策 [J]. 近代史研究，1991（1）：50-61.
④ 赵德馨 . 张之洞：一个认真的悲剧演员 [N]. 楚天都市报，2009-7-5.

备、编次求有序、版本求真实、校勘求精审、断句求准确、校注求简约①。为了保证文集所录资料的真实性，他先后"四次入川得一拓片""三次入晋得题画真迹""三次入黔找一书"，在克服了经费问题、出版中断等困难后，逾 1275 万字的《张之洞全集》终于在 2008 年编纂完成并出版②。赵德馨通过主编《张之洞全集》，给张之洞做了新的评价——清王朝的忠臣，经世致用的学者，温和的改革家③。张之洞本想以"中学为体，西学为用"，在旧制度上实现中国的现代化，巩固清王朝的统治，但他在经济、教学、文化等领域施行的现代化改革方案，最终却为推翻清王朝的辛亥革命做了全面的准备。④赵德馨认为，在中国走向现代化的历史进程中，经济、教育、文化的现代化必然带来政治的现代化，哪怕你自己不愿意走进这个门，历史也必然拖你进这个门。

赵德馨将张之洞推动中国现代化所采取的模式称为"张之洞模式"。其特点是以政府财政支出作为主要的资本或垫支资本，从修筑铁路入手，发展钢铁工业、军事工业和纺织工业，轻重工业资金互相挹注⑤。"张之洞模式"的具体实行方案如下：兴办现代军事工业以"求强"；兴办现代民用企业以"求富"；采用西法编练新军；兴办新式学堂，派遣学生出国留学。张之洞为此提出"以工为本"，工为"富民强国之本"，为"农商之枢纽"的口号，对中国传统文化中的"抑末思想"提出了批评。由此可以看出，以张之洞为代表的洋务派的经济观点和经济活动，大多顺应中国经济从传统经济向现代化转变的历史趋势。洋务派创办了中国最早的机器工业和现代矿业、交通运输业，揭开了中国现代化的序幕。⑥但是，1894—1895 年清政府对日战争的失败，证明了洋务派主张的在不变更清政府政体的前提下，通过"中学为体，西学为用"的道路使国家走上现代化，是不可能成功的。

鸦片战争后，清政府及中华民国先后颁布了一系列奖励发明和投资工商业的政策，随着 1842 年以来自然经济的解体，为资本主义生产提供了廉价劳动力和商品市场，私人资本得到了发展的条件。1914 年，第一次世界大战爆发，为国内私人资本进一步发展创造了良好的环境。正是在此期间，已在印尼发家

① 赵德馨.寻真记——收集张之洞文献故事四则[N].中国社会科学报，2016-10-27.
② 赵德馨.张之洞全集：卷 12[M].武汉：武汉出版社，2008：539.
③ 赵德馨.张之洞全集：卷 12[M].武汉：武汉出版社，2008：539.
④ 赵德馨.张之洞：一个认真的悲剧演员[N].楚天都市报，2009-7-5.
⑤ 赵德馨.黄奕住传[M].长沙：湖南人民出版社，1998：346.
⑥ 赵德馨.中国近现代经济史（1842—1991）[M].厦门：厦门大学出版社，2017：166.

致富的华侨商人黄奕住选择回国发展。据赵德馨计算，1919 年黄奕住回国时，从国外转回国内的资金达两千多万元，是当时携资回国最多的华侨商人①。

　　1949 年到 20 世纪 80 年代以前，由于"左"倾思潮下形成的"禁区"，在一定程度上，否定了资本家在中国经济现代化进程中的推动作用和进步意义。赵德馨认为，这种不正确或不客观的认识，既不利于经济史学科的建设与发展，也不利于客观推进中国近代经济史学的研究。因此，他觉得有必要从该群体中选择一个个例进行系统的研究，客观地评价他们在中国近代经济的历史过程中发挥的作用。②为此，他以黄奕住的发家轨迹为研究对象，于 1987 年开始搜集资料，着手相关内容的撰写工作。为了写出一本能够翔实地体现黄奕住的人生发展轨迹，客观地反映他在中国经济现代化进程中的历史作用的传记，赵德馨利用寒暑假休息时间，先后四次到厦门搜集、整理资料，经过八次修改稿件，最终完成《黄奕住传》一书。

　　在《黄奕住传》一书中，赵德馨既翔实地描述了黄奕住一生的奋斗历程，又将这段历程置于中国经济向现代化发展的历史背景下，归纳出独具特色的"黄奕住模式"。在《黄奕住传》的最后，赵德馨列举了中国近代史上推动中国经济现代化进程所出现的四种模式，即以张之洞为代表的"官僚模式"，以张謇为代表的"士绅模式"，以荣氏兄弟为代表的"商人模式"以及"黄奕住模式"。"黄奕住模式"与前述三种模式相比，有其独特的地方：在资本投入领域，注重流通领域；在生产领域，注重基础设施建设；在国内投资领域，既注重投资建设家乡，又注重提升企业在全国的影响力，将最重要的企业放在全国的经济中心——上海；在经营方式上，注重跨国开放式经营，以中国为基点在国内国外两个市场同时投资。③赵德馨对"黄奕住模式"的研究表明，不管是哪类群体，要想推动经济现代化，必须打破传统意识的束缚，接受现代化意识，这样才能成为现代化事业的推动者、创造者。中国在近代一百多年的现代化进程中，接受的最大的教训就是人们接受的现代化意识不够，而接受的有碍现代化的意识或无助于现代化的意识太多了④。

①　赵德馨.黄奕住传 [M].长沙：湖南人民出版社，1998：84.

②　赵德馨.黄奕住传 [M].长沙：湖南人民出版社，1998：1.

③　赵德馨.黄奕住传 [M].长沙：湖南人民出版社，1998：346–347.

④　赵德馨.黄奕住传 [M].长沙：湖南人民出版社，1998：390–391.

第四节　赵德馨的中华人民共和国经济史实研究

赵德馨对中华人民共和国经济史实研究的贡献，主要体现在他对 1949 年以后的中国经济史进行的整体研究以及组织人员对相关文献资料进行的整理工作。他依据研究工作的需要，制定了系统的资料收集与整理程序，为进一步开展研究提供了可借鉴的范式。第一，为研究中华人民共和国经济史学编写了一系列文献资料集；第二，依据翔实的资料主编了一部多卷本《中华人民共和国经济史》，全面地描述了从中华人民共和国成立到 1991 年的经济发展过程。

一、主持编写《中华人民共和国经济专题大事记》

在 20 世纪 80—90 年代，国内学界已出版了不少关于中华人民共和国经济史的大事记。赵德馨在阅览了这些大事记后认为，这些大事记的体裁和体例各有长短。总体来说，还不够全面，无法满足学者大力开展中华人民共和国经济史学研究的需求。部分记载的内容是否准确，也有待考证。同时，他在研治经济史学的过程中发现，中国古代学者就有写大事记的传统。中国的史书最早的形式是编年体，从编年体衍生出来的年表、实录体、纪事本末体都是按照具体的时间（或年，或月，或日）记事，都是大事记。大事记的体裁应采用历史学的体裁[①]。因此，他决定将实际的研究需要与史学体裁相结合，由课题组编写一部专门记载经济专题的大事记。

由于大事记是史学体裁，按照时序展开，因此，编写大事记需要合理的分期。赵德馨在编写中华人民共和国经济专题大事记时，第一步便是对所要研究的历史时期进行分期，并确定每个时期的若干专题。1986 年，他就中华人民共和国经济史的分期问题提出了自己的看法。他认为，从 1949 年到 1984 年，可以分为四个时期。第一个时期是 1949 年 10 月—1956 年，是经济形态转变和生产由恢复走向发展的时期。第二个时期是 1957—1966 年，是全面进行经济建设时期。第三个时期是 1967—1976 年，是对探索的反复与经济曲折、畸形发展的时期。第四个时期是 1977—1984 年，是经济建设走上新道路和起飞的时

---

① 赵德馨.社会科学研究工作程序与规范 [M].武汉：湖北人民出版社，2016：213.

期。[1]大事记在纵向上按以上四个时期进行编写和分卷。各卷涉及的具体专题由赵德馨与各卷主编等人共同商议确定，整套大事记按专题记述。

在编写大事记的过程中，另一个需要重点关注的问题便是"大事"的标准。赵德馨对"大事"的标准进行了界定：反映研究对象发展阶段性的、在当时有重大影响的事；新生的、对后来有重要影响的事物；反映事物从量变到质变转折点的事件；对研究对象发展起巨大作用的外界变化，等等[2]。具体来说，课题组要编写的《中华人民共和国经济专题大事记》主要包括以下内容：一是党政中央一级，包括派出机构（如中央局、大区军政委员会或行政委员会）及其职能机构（即部、委、会）的有关会议。二是党政中央一级发出的重要文件，包括决议、决定和重要的法规、规章。三是中央领导的重要讲话、论著，或反映其主旨的有关社论与文章。四是在经济学界有重大影响并对经济政策、经济行为起作用的出版了的论著。五是阶段性的全国财经工作的成果，诸如五年计划的执行情况、一年的经济成就，或者具有历史转折意义的事件[3]。这套大事记各专题部分的编者，也是《中华人民共和国经济史（1949—1984）》相应各专题的研究人员。这样就保证了编写人员能够按照赵德馨提出的"大事"标准，科学地判断出经济史实中的"大事"，避免了在编写大事记中常见的"见事即抄"的弊病，保证了整套大事记的科学性。

编写组在进行资料收集的工作时，赵德馨制定了坚持以第一手资料为基础的标准。具体而言，则是以档案资料、公开的报刊资料、文件、报纸、著作、中央政府文献汇编、杂志、统计资料、实地调研资料及一些工具书等资料为依据，目的在于保证资料的真实性。因为根据史料记载的历史事实编写而成的大事记，除了个别史料本身可能失真或不全面，其大部分内容都能客观、真实地反映当时的经济历史实际，因此，这本大事记对于中华人民共和国经济史研究的时效性强，可供研究者长期使用。赵德馨认为，这套大事记的社会效益和学术效益的时效，比4卷本《中华人民共和国经济史》更久远[4]。

这套大事记首次采用了专题大事记的体裁。每一卷的专题，有相同的，也有不同的。它既能反映经济发展的连续性，又能反映各个历史时期经济变动的

① 赵德馨.中华人民共和国经济史[M].郑州：河南人民出版社，1988：19-22.

② 赵德馨.社会科学研究工作程序与规范[M].武汉：湖北人民出版社，2016：215.

③ 赵德馨.社会科学研究工作程序与规范[M].武汉：湖北人民出版社，2016：215.

④ 赵德馨.为了现在和未来的需要——答《中州书林》记者问[M]//赵德馨.经济史学概论文稿.北京：经济科学出版社，2009：103.

特殊性。大事记各专题的内容，不仅包括农业、工业、商业、交通运输业、财政、金融业等国民经济部门以及地区经济，还包括诸如经济政策、经济工作指导思想、人民生活等影响经济发展的因素。当研究经济生活的某个专门问题时，各个专题是独立设置的，研究人员在查找专门问题时会更加方便。当研究经济的整体运行情况时，各个专题之间又相互联系。所以，这套大事记是一部具有广泛受众的工具书。

二、主持编写《中华人民共和国经济专题资料长编》

对于编写了大事记之后是否还需要编资料长编这个问题，赵德馨认为，这是一个需要视具体的科学研究任务而定的问题。有的研究以描述事物演变的过程为主；有的研究在弄清事物演变的过程后，还要进一步揭示其内在联系与发展的规律。对于前一种研究，一般仅需要编写大事记即可。对于后一种研究，既要编写大事记，又需要编写资料长编。

由赵德馨领导的课题组编写的《中华人民共和国经济史》，不仅是一本能够全面反映1949—1984年间中国经济的整体运行情况的"史"，还应对这段历史时期中国经济运行的内在规律加以揭示，所以他决定除编写《中华人民共和国经济专题大事记》之外，再编写一本《中华人民共和国经济专题资料长编》。

同编写大事记一样，赵德馨为了指导课题组编写资料长编，在《社会科学研究工作程序与规范》一书中对如何编写资料长编进行了详细的说明[1]。

赵德馨认为，编写大事记和资料长编有三个不同点。第一，编大事记需要使用自己的言语；资料长编则力求保留资料作者的原话。第二，大事记是按时间顺序排列的，时间是自然现象，反映的是历史逻辑；资料长编是按一定的提纲排列的，提纲是人为的，反映的是理论逻辑。第三，大事记重在"事"，即重在事实前后关系的排列；资料长编重在"编"，即重在论点、逻辑关系的排列。[2]

编写组在编写资料长编时，首先是按照"宁失于繁，毋失于略"的要求，尽可能地摘抄相关的资料，避免有所遗漏。然后再对初选资料去粗取精、去伪存真地分析与整理。这样，既能保证资料的真实性与科学性，又能促使研究人员在整理资料的过程中，对所研究的专题在认识上得到提升，对需要参考的资料有一个更科学准确的了解。

① 赵德馨.社会科学研究工作程序与规范[M].武汉：湖北人民出版社，2016：218.
② 赵德馨.经济史学概论文稿[M].北京：经济科学出版社，2009：261.

为了使资料长编最终形成一个系统的框架，赵德馨为此专门撰写了《中华人民共和国经济史资料长编提纲》（下文简称《提纲》）。《提纲》采用与《中华人民共和国经济史》相同的框架，按专题编录。撰写《提纲》是一项集编辑、做学问、创新于一体的研究工作，需要研究者具备一定的学识和素养。为整理资料而拟定的提纲，对于课题组来讲，也是一个阶段性的科研成果。赵德馨根据研究需要结合研究实践，对怎样编辑资料长编以及上文所说的大事记进行了详细的说明，不仅对经济史学的研究工作者有参考作用，对其他学科领域的研究工作者同样具有参考价值。

而进行资料收集与整理工作，为他们后来编写《中华人民共和国经济史》4 卷本以及第 5 卷奠定了坚实的史料基础，为同行研究中华人民共和国成立以来的经济发展过程提供了翔实的文献资料。科斯与王宁在他们合著的《变革中国》一书中写道，关于毛泽东时代经济的史实资料……最为综合全面的资料可参见赵德馨（1988—1999 年）主编的五部系列著作（即《中华人民共和国经济史》第 1 至 5 卷）[1]。

三、主编 5 卷本《中华人民共和国经济史》

如前文所述，赵德馨自 1983 年起便全身心投入《中华人民共和国经济史》的编写工作中。经过 5 年的时间，终于完成了 4 卷本《中华人民共和国经济史（1949—1984）》的编写工作。这部多卷本的系列专著对 1949—1984 年间中国经济的发展过程进行了全面的描述和深刻的分析。与同时期出版的中华人民共和国经济史著作相比，该套专著的内容更为全面，分期更有见地，诸多的观点也颇具创新性[2]。为相关领域的经济史学研究工作者既提供了充实的史实资料，又提供了一套可供借鉴的研究方法。

赵德馨与 4 卷本《中华人民共和国经济史（1949—1984）》的研究工作者，

---

[1]　科斯，王宁.变革中国[M].徐尧，李哲民，译.北京：中信出版社，2013：11.

[2]　同时出版的类似的学术著作还有：柳随年、吴群敢主编的《中国社会主义经济简史》，李德彬主编的《中华人民共和国经济史稿》，邓力群、马洪、武衡主编的《当代中国》系列丛书。武汉大学中国经济史学教授尹进在比较了赵德馨主编的 4 卷本《中华人民共和国经济史》与同期出版的几部中华人民共和国经济史著后，认为其他几部著作"一般只涉及经济政策与计划，基本建设的开展，工农业总产值与人民生活的波动等，从国民经济史研究的对象来说，其内容显然不够全面。而本书弥补了它们的不足，因而称得上中国第一部全面论述中华人民共和国经济的史著"。

将 1949—1984 年的中国经济发展分为四个历史时期，每个历史时期单独成卷，并对其经济发展过程进行了全面的描述。

第一卷的研究区间为 1949 年 10 月—1956 年，即中国的经济形态转变和生产由恢复走向发展的时期。这部分主要描述了中国的经济形态由新民主主义经济向社会主义经济转变的历史过程。主要的观点是新民主主义经济形态是从半殖民地半封建经济形态走向社会主义经济形态不可逾越的历史阶段[①]。新民主主义经济形态是一种重要的经济形态，它产生于革命根据地时期。1949 年以后，它经历了一个发展的阶段，促进了生产力的发展，使中国的国民经济水平在 1952 年恢复到了历史最好水平。之后，它本该继续向前发展，但它随着 1956 年社会主义三大改造的完成而被"提前"结束。这是当时的领导人在借鉴苏联的经验上出现的失误，即忽视了中国自身的国情，照搬别国的模式。这是一种在已有认识成果基础上的后退，否定了新民主主义经济制度，从而新民主主义经济理论也被否定了。随着领导层对新民主主义经济理论的否定，在政策上和实践上也否定了新民主主义经济形态。因此，新民主主义经济形态被过早、过急地结束，脱离了中国经济发展的实情，不符合中国经济发展的历史规律。

第二卷的研究区间为 1957—1966 年，即全面进行社会主义经济建设时期。这部分主要从纵向上描述了国民经济总体的发展过程，同时在横向上探讨了国民经济各部门的发展状况。其不仅详细叙述了国民经济发展大起大落的过程，又从宏观、微观的角度陈述了经济管理权限大上大下，以及调整措施不断完善的过程。这一卷还对少数民族地区的经济发展状况和人口经济这两大特殊问题设置专门章、节加以描述。对于这十年国民经济动荡起伏的历史过程，本卷的主要观点是对这个时期的历史成就与经验教训要具体问题具体分析，既充分肯定社会主义建设成就，又如实叙述这个时期经济工作的重大失误和国民经济发展中的严重困难，严肃地总结经验教训[②]。

第三卷的研究区间为 1967—1976 年，即对探索的反复与经济曲折、畸形发展的时期。赵德馨将这段历史时期定义为"对前一时期所取得的进步的否定或反动"[③]。课题组秉着实事求是的治学态度，在历史资料奇缺的条件下，几乎

① 苏少之.对新民主主义经济形态的系统反思——读《中华人民共和国经济史》第一卷 [J].中南财经政法大学学报，1989（5）：38-45.

② 邱丹，张鸣鹤.不懈地探索建设社会主义中国之路——简介《中华人民共和国经济史》第 2 卷 [J].中南财经大学学报，1990（1）：103-107.

③ 赵德馨.中华人民共和国经济史的分期 [J].青海社会科学，1986（1）：3-11.

遍查了"文革"时期的原始资料、"文革"结束以后有关这个时期的经济状况等文献史料，并亲自进行资料调查，进而整理出了大量相关资料，为开展这段历史时期的研究奠定了基础。本卷首先将"文化大革命"与"文革"时期严格地区分开来。前者是一个政治概念，后者是一个时间概念。"文革"时期不仅发生了"文化大革命"，而且开展过其他各种活动和工作。"文化大革命"的发生，不可避免地对经济工作产生了或大或小的影响。因此，本卷主要的内容体现在两个方面：一方面是揭露"文革"给经济发展造成的损失，另一方面又实事求是地分析经济活动本身的运行状况，肯定其中取得的某些成就。在运用大量的经济数据对经济情况进行分析，详述这段时期经济发展状况的基础上，本卷主要的观点是在"文革"时期，中国的经济运行在局部取得了一定的成就，但这些成就不是"文化大革命"的成果，而恰恰是对"文化大革命"抵制的成果。如果没有"文化大革命"的干扰和破坏，这个时期的经济将会取得更大的成就[①]。

第四卷的研究区间为1977—1984年，即经济建设走上新道路和经济起飞的时期。本卷的主要内容是以经济改革为主线，介绍了改革自酝酿、准备到初步实施的历史过程，对各经济部门、各个地区对改革试验的情况进行了详细的探讨。本卷通过分析这段历史时期经济发展的历史过程，对中国在历史大转折之后社会主义经济建设以新的姿态和速度向前发展的原因进行了总结，同时反思了这个时期的急躁冒进对经济发展的影响。此外，本卷对家庭联产承包责任制等经济政策与措施进行了客观的评价，以经济数据为依据，既肯定某项经济改革措施的积极作用，又指出它带来的矛盾和问题或者局限性。

1988年4卷本《中华人民共和国经济史（1949—1984）》出版后的七八年，赵德馨认为，中国的经济发展在此期间又经历了一个完整的周期，形成了一个"有头有尾"的发展阶段。因此，他决定以"新旧体制的摩擦"为主题，编写《中华人民共和国经济史》第5卷，将研究对象的时间区间定在1985—1991年，即从建立"有计划的商品经济"到建设"社会主义市场经济体制"。赵德馨在主持第5卷的编写工作时，提倡对国民经济做全要素分析。"全要素分析"在当时属于新名词、新方法。这种全要素分析方法在该书的编写中体现为：既研究国民经济所包含的各个要素（工业、农业、商业、对外经贸关系、交通、邮电、运输、投资、金融等），又研究影响国民经济运行的各种要素（人口、教

①　胡爱琴.赵德馨与中华人民共和国经济史研究探析[D].福州：福建师范大学，2012.

育、科学技术、地理、历史、意识形态、经济政策、政治环境、气候、生态环境等）。因此，与 1999 年同时期出版的另外 3 本中华人民共和国经济史著作相比，该书在研究对象的涵盖面上更为全面、完整。另外，该书还有两处不同于其他 3 本同时期出版的相关著作的地方。第一，将研究对象的下限定在 1991 年末到 1992 年初，即社会主义市场经济体制被确立为中国经济体制改革目标的时期，而不是中华人民共和国成立 50 周年的 1999 年。这体现了赵德馨"跟随论与沉淀论相统一"的治学理念，突出了该书在界定研究对象时的科学态度。第二，将生态环境对经济发展的影响作为研究对象（在该书的农业章中专门分析了农业生态环境的相关问题），开始注重生态环境与经济增长关系的研究。这是该书与同时期出版的相关专著相比所独有的内容。

本章小结

在赵德馨关于经济史学科结构的层次划分中，他认为经济史实是经济史学的主体部分。在经济史学的研究中，经济史实的研究不仅仅是主体部分，还是经济史学研究的基础部分。经济史实的研究不仅是为了复原、还原历史的本来面目，更重要的是它为抽象的经济史理论以及经济学理论和历史学理论服务。

赵德馨关于中国经济史实的研究，其研究区间上至远古，下至当代；其研究范围，既有部门经济史，也有整体史研究；其研究的切入点，更是随着时代的变化而不断更新，从社会经济形态的演变到经济现代化的发展，从商品货币关系的变迁到经济增长方式的转变和市场经济的发展。总之，赵德馨关于中国经济史实的研究，自始至终都是为了完成一个目标——回答中国经济是怎么发展来的。为了能够对中国从古至今的经济史有全面的了解，赵德馨选择通过开展专题研究的方式，为"求通"而"主专"。他通过开展专题研究，对中国古代、近代和现代经济史实的内容都有所涉及后，又集合众多相关领域学者，主持编写了一部《中国经济通史》，集众家之能对中国经济从古至今的整体运行情况进行了全面的展示。赵德馨这种既自己开展专题研究又用集体的力量进行"大部头"的研究，不仅保证了自己的学术研究不因"面面俱到"而失去"深度"，又能对中国经济的整体运行情况有全面的了解。

在中国经济史实的专题研究领域，赵德馨首先对两汉商品经济的历史过程进行了全面的描述。他从两汉时期社会经济结构演变的角度，对两汉的商品生产、商业发展水平、商业的发展与社会经济结构演变的关系、中国古代商品货币关系由盛转衰的原因等问题进行了细致的考察与分析。其次，赵德馨对先秦两汉货币史进行了全面的揭示与研究，他通过广泛收集出土文物与历史文献资料，并对之进行细致的考证与解读，对中国古代货币史研究上诸多争论，或进行了确切的解答，或提供了解答的思路，或汇集各家观点，提供了一个讨论的平台。

赵德馨从社会经济形态转变的角度出发，首先认识到中国近代经济史学的研究必须突出"经济"因素。因此，他率先将中国近代经济史的研究延伸到中华人民共和国成立的 1949 年，为此编著了专著型教材《中国近代国民经济史讲义》，并将 1840 年到 1949 年间的经济史作为一个整体开展研究。同时，为了突出"人"在历史中的作用，赵德馨考察了不同群体为推动中国经济实现现代化而进行的经济活动。在农民群体对中国经济现代化进行的努力或尝试方面，他以"太平天国的经济政策"为研究对象，分析了太平天国的土地政策、城市政策以及其经济纲领《天朝田亩制度》，独编了资料收集最为全面完整的，整理最为系统的《太平天国财政经济资料汇编》。另外，他以张之洞为例，研究了洋务派在中国经济现代化过程中的经济活动，主编了《张之洞全集》，对前人所编的相关资料汇编进行了修正、补充与完善。最后，他还撰写了一本学术型传记《黄奕住传》，研究了企业家在中国经济现代化过程中的经济活动，并总结出在中国近代出现的推动中国经济实现现代化的四种模式：以张之洞为代表的"官僚模式"，以张謇为代表的"士绅模式"，以荣氏兄弟为代表的"商人模式"以及独具特色的"黄奕住模式"。

在中华人民共和国经济史实研究方面，赵德馨是中国最早开展关于 1949 年以后的经济史研究的学者。到 20 世纪 80 年代，赵德馨正式将自己的工作集中于对这门新兴学科的创建上。一门新的经济史学科的产生，首先要有关于这门学科研究对象的翔实的文献资料做基础。因此，赵德馨在组织学者开展相关研究时，第一步便是进行历史资料的收集与整理工作。为此，他亲自拟定了《中华人民共和国经济专题资料长编》与《中华人民共和国经济专题大事记》的提纲，确定了中华人民共和国经济史学的研究对象。在此基础上，他主编了5 卷本《中华人民共和国经济史》，对 1949 年以来的中国经济史进行了系统、全面的研究。

赵德馨的经济史实研究，首先是在充分收集相关资料的基础上，经过严谨、细致的考证，最后以科学的体例进行展示。例如，他关于先秦两汉时期中国货币史的研究，从 20 世纪 50 年代开始准备到 1995 年《楚国的货币》出版，他先后积累的资料包括 12 本笔记、500 余张卡片、10 袋剪报，写成札记 20 余万字。他为了考证《张之洞全集》中要使用的历史文物的真实性，"四次入川得一拓片""三次入晋得题画真迹""三次入黔找一书"。另外，他的经济史实研究，最突出的特点是具有连续性，即关于某一历史时期某一经济问题的专题研究，并不仅仅局限于研究对象的时间区间或研究范围，最终都要不断地向前追溯和向后延伸，再与其他经济问题进行联系，在"求通"的同时抽象出经济史理论。例如，他关于中国古代社会经济形态变迁的研究，先从研究两汉商品经济史出发，论证了两汉社会性质是奴隶制。然后，他再将研究的时间区间延伸到整个中国古代，从人际关系演变的角度出发，提出了"五主经济形态论"。赵德馨在提出"五主经济形态论"之后，又将研究对象的时间区间由中国古代延伸到近现代，开始对"雇主经济形态"进行研究。

第三章　赵德馨的经济史理论研究述评

赵德馨认为，经济史理论是经济史学的两个分支之一，是在经济史实研究的基础上进行的理论抽象。经济史理论又可分为三个层次：第一层，从分析经济史实中得出新的理论观点；第二层，采用理论体裁对事情发展的时序进行的理论分析；第三层，采用纯粹的理论形态，按某理论本身的逻辑展开，分析经济运行的机制。

第一节　赵德馨的中国古代经济史理论研究

史料的考证、史实的分析，是为理论抽象服务的。这是经济史学"经济"要素的体现。赵德馨关于中国古代经济史理论的研究，最主要的贡献是对中国古代史分期问题提出了新的解释，即"五主经济形态论"，这属于他关于经济史理论层次划分的第二层次。

中国奴隶制和封建制的分期问题（中国古史分期问题），实质上是20世纪30年代中国社会史论战的延续。20世纪50年代，国内史学界主要持三种观点：其一，认为自西周开始，中国已经进入封建社会；其二，认为西周还是奴隶社会，封建社会的开端是春秋战国之交（或是秦汉之际）；其三，认为汉代也是奴隶社会，把奴隶制的下限定在东汉末或魏晋时代。主张第一种观点的代表学者是范文澜，主张第二种观点的代表学者是郭沫若，主张第三种观点的代表学者是尚钺。[1] 他们依据的理论是马克思对社会形态分期的基本理论。由于人们对马克思主义基本理论在认识上存在差异，对史料的解读存在分歧，因此提出了各种观点。以范文澜为代表的"西周封建论"，将生产关系的变更和发展作为划分奴隶社会和封建社会的标准。以李亚农为代表的"春秋封建论"，以阶级关系的发展和变更作为分期标准。以郭沫若为代表的"战国封建论"，则以地主阶级的有无作为分期标准。

赵德馨在《两汉》和《商品货币关系》中，对两汉的社会性质做出了判断，并认为在公元1世纪中叶以后，中国社会经济形态发生的变化是奴隶制经济走向衰落，租佃制经济开始兴起。这是通过分析先秦至魏晋时期，中国古代商品

---

① 江泉.关于中国历史上奴隶制和封建制分期问题的讨论[N].人民日报，1956-7-4.

货币关系发展的历史趋势得出的理论观点。但对中国古代史分期问题所涉及的分期标准、具体的历史阶段划分等问题，因为当时的研究重点不在于此，所以没有做过多的解释。

在 1990 年赵德馨主编的《中国经济史大辞典》中，对"中国古代经济史分期问题"的述说如下："这个问题（中国古代经济史分期问题）的解决，有待于准确理解奴隶制经济形态和封建制经济形态的本质，明确中国经济发展的特点，深入研究生产力的具体状况，特别重视新的考古发现，将文献资料与考古发现结合起来，前景是令人乐观的。"①

2003 年，在他编写的教材《中国近现代经济史 1842—1949》②中，对中国古史分期问题提出了新的见解，并首次提出了"五主经济形态论"。

赵德馨从中国的历史实际出发，采用中国文献中固有的名词与范畴，并以经济活动中的人际关系为划分标准。他认为，从有可靠的人类经济生活研究资料起至 19 世纪中叶，中国社会经济形态经历了以下五个阶段：公元前 21 世纪以前，为氏族主经济形态；从公元前 21 世纪到公元前 8 世纪，为宗族主经济形态；从公元前 8 世纪到 2 世纪，为奴婢主经济形态；从 3 世纪到 9 世纪，为庄主经济形态；从 9 世纪到 19 世纪中叶，为租佃主经济形态。③

2017 年，在厦门大学出版社出版的《中国近现代经济史（1842—1949）》④中，赵德馨对"五主经济形态论"的分期标准做了进一步的阐释："直接决定生产关系、所有制、社会经济形态性质的，是生产互动中人与人的关系。中国历史上，人与人关系的变化，经过两大阶段：血缘关系与地域关系。"⑤同时，将研究的视角由中国的历史拓宽到整个人类的历史，并认为，从人与人关系演化的角度来看，整个人类的生活关系史，可以说是人对人依附关系的松弛史、解放史。⑥按照以人对人依附关系的变化来划分历史的分期，既可以用于划分中国的历史，也可以划分其他国家、地区的历史，更可以划分整个人类社会的历史。同时，依照这个标准，不仅可以用来划分中国古代史，也可以在纵向上继续延伸，将中国近代史、现代史都纳入它的研究范畴。目前，他在这方面进行

① 赵德馨.中国经济史大辞典[M].武汉：湖北辞书出版社，1990：4.
② 赵德馨.中国近现代经济史[M].郑州：河南人民出版社，2003：58.
③ 赵德馨.中国近现代经济史（1842—1949）[M].郑州：河南人民出版社，2003：58-62.
④ 赵德馨.中国近现代经济史（1842—1949）[M].厦门：厦门大学出版社，2017：50.
⑤ 赵德馨.中国近现代经济史（1842—1949）[M].厦门：厦门大学出版社，2017：50.
⑥ 赵德馨.中国近现代经济史（1842—1949）[M].厦门：厦门大学出版社，2017：51.

的研究有两点：一是继续完善"五主经济形态论"，二是将时限下沿至中国近代，研究现代企业制度与雇佣关系①。

第二节 赵德馨的中国近代经济史理论研究

在中国近代经济史理论研究方面，赵德馨对中国近代经济史的分期问题，提出了以 1842 年为上限、1949 年为下限的理论观点。20 世纪 80 年代后，他将研究中国近代经济史的主线由经济形态的变迁转到经济现代化，并进一步提出了打破 1949 年的界限，将中国近代经济史与中国现代经济史作为一个整体进行研究的观点。为此，他先后发表了 5 篇专题论文。其主编的《中国近代经济史》及《中国近现代经济史》教材，体现了他研究主线的转换过程。在提出以经济现代化作为研究中国近现代经济史的主线之后，他进一步提出了"经济现代化两层次说"，对经济现代化的内涵——市场化与工业化，市场化是工业化的前提与基础做了分析。为了贯彻自己的理论主张，赵德馨最先在国内高等院校将中国近代经济史的课程讲授延伸到 1949 年，最早在高等院校开设讲授 1949 年以后的中国经济史课程。他于 1958 年完成的教材《讲义》先后被日本雄浑出版社与美国东西文化研究中心翻译出版。《讲义》《教程》《中国近现代经济史》等教材被美国国会图书馆、哈佛大学图书馆、日本国立国会图书馆、明治大学图书馆等众多国外图书馆、研究机构收藏，并作为相关研究的参考文献。

赵德馨在中国近代经济史理论研究方面的贡献主要有两个：一是在研究时限上，首先打破了 1919 年的界限，将 1842 年作为中国近代经济史的开端；其次，提出以经济现代化为研究主线，突破"代"的限制，打破了 1949 年的界限，将中国近代经济史与现代经济史连通起来。二是提出了"经济现代化两层次学说"，并将此理论用于自己的研究与教学实践，发表了系列论文，编著了教材《中国近代经济史》与《中国近现代经济史》。

一、第一次突破：打破 1919 年的界限

中国近代史与中国现代史的分期是确定中国近代史学科对象的重要问题。

---

① 即"雇主经济形态"。

中国近代史和中国现代史的明确分界，源于 1954 年胡绳在《历史研究》创刊号上发表的《中国近代历史的分期问题》一文。胡绳提出以阶级斗争为标准，探索中国近代史基本线索和分期问题，并提出"三次革命高潮"理论，明确地把中国近代历史本身的时限范围限制在 1840 年至 1919 年，引起了中国近代史分期问题的论战。[①] 当时，戴逸、章开沅、荣孟源等人亦赞同以阶级斗争为标准进行中国近代史分期，但他们的具体分期主张又意见相左。还有主张以近代社会主要矛盾变化为标准的分期法，代表学者是孙守任和范文澜。也有主张以社会经济表征和阶级斗争表征结合为标准的分期法，代表学者是金冲及。[②] 此外，还有主张以综合的标志为标准的分期法，代表学者是刘大年。[③] 这次论战形成的主流的观点是：把 1840 年鸦片战争至 1919 年五四运动的历史称作中国近代史，1919 年以后的历史称作中国现代史。[④]

关于中国近代史的下限或中国近代史与中国现代史的断限问题，有学者提出了不同的意见。李新[⑤]、李荣华[⑥]、林敦奎[⑦]等认为，中国近代史的下限应定在 1949 年。1956 年，在综合大学教学大纲讨论会上，与会专家认为："近代史一般为资本主义时期的历史，中国半殖民地半封建社会是资本主义社会的一种变种，因此将从鸦片战争到中华人民共和国成立时的这段历史称为中国近代史是比较恰当的。"[⑧]

1956 年 1 月 26 日，赵德馨在中国人民大学第六次科学讨论会历史分会发言，对中国近代史的分期问题提出了不同观点。其发言的主要内容后来形成了《对中国近代史分期的意见》一文，于 1957 年在《历史研究》上发表。赵德馨

①　胡绳 . 中国近代历史的分期问题 [J]. 历史研究，1954（1）：11.

②　金冲及 . 对于中国近代历史分期问题的意见 [J]. 历史研究，1955（2）：15.

③　刘大年 . 中国近代史研究中的几个问题 [J]. 历史研究，1959（10）：16.

④　张海鹏 . 关于中国近现代史的分问题 [N]. 北京日报，2015-7-27.

⑤　李新 . 关于近代史分期的建议——对"中国通史半殖民地半封建社会时代（下）教学大纲（初稿）"所写的前言 [M]// 历史研究编辑部 . 中国近代史分期问题讨论集 . 北京：三联书店，1957：153.

⑥　章开沅 . 中国近代史分期问题的讨论 [M]// 历史研究编辑部 . 中国近代史分期问题讨论集 . 北京：三联书店，1957：202.

⑦　杨遵道 . 中国人民大学第六次科学讨论会上关于"中国近代史分期问题"的讨论 [M]// 历史研究编辑部 . 中国近代史分期问题讨论集 . 北京：三联书店，1957：228.

⑧　综合大学、高等师范文史教学大纲讨论会上关于中国近代史分期问题的讨论 [M]// 历史研究编辑部 . 中国近代史分期问题讨论集 . 北京：三联书店，1957：230.

对中国近代史分期问题的观点受到了国外学界的关注，苏联《历史问题》杂志在 1956 年第 8 期对此进行了报道。

赵德馨在《对中国近代史分期的意见》一文中认为，中国近代史与中国现代史的分期应该以民族斗争和阶级斗争的重要表现为标准。据此，中国近代史可分为三个大的阶段：1840—1894 年，从鸦片战争开始到中日甲午战争是中国农民在新的历史条件下为反对封建统治和反对外国资本主义国家的侵略而斗争的时期。1895—1919 年，从兴中会成立，甲午战争失败到五四运动是中国资产阶级参加和领导的反封建统治和反帝国主义侵略的旧民主主义革命的时期，也是在帝国主义侵略下，中国半殖民地半封建社会的各个基本特点完全形成的时期。1919—1949 年，从五四运动到中华人民共和国成立是无产阶级领导的新民主主义革命时期，是半殖民地半封建社会走向崩溃和灭亡的时期。[①] 赵德馨建议打破 1919 年的界限，将 1840—1949 年作为中国近代史的研究时限。

1981 年，胡绳在《从鸦片战争到五四运动》的序言中写道："这本书所讲的是中国半殖民地半封建时代中的前一段，即无产阶级领导的新民主主义革命开始以前的一段历史。虽然多年来大家习惯上称这一段历史为中国近代史，但是早已有人建议，把中国近代史规定为从 1840 年鸦片战争到 1949 年中华人民共和国成立前的一百一十年的历史，而把中国民主革命的胜利，摆脱半殖民地半封建社会，进入社会主义时代的历史称为中国现代史。在中华人民共和国成立已经超过三十年的时候，按社会性质来划分中国近代史和中国现代史，看来是更加适当的。"这代表着国内历史学界关于中国近代史与中国现代史断限问题的主流观点开始发生改变。2007 年，高等教育出版社出版的《中国近现代史纲要》，是全国高等学校本科生必修的思想政治理论课教材。其开篇第一句话就是"中国的近现代史，是指 1840 年以来中国的历史。其中从 1840 年鸦片战争爆发到 1949 年中华人民共和国成立前夕的历史，是中国的近代史；1949 年中华人民共和国成立以来的历史，是中国的现代史"。[②] 它标志着中国近代史、中国现代史的分期已经写进了大学教材，成了学术界的共识。[③]

在《对中国近代史分期的意见》一文发表的同年，赵德馨还发表了《关于中国近代国民经济史的分期问题》一文，该文将中国近代史分期问题的讨论深

① 赵德馨. 对中国近代史分期的意见 [M]// 历史研究编辑部. 中国近代史分期问题讨论集. 北京：三联书店，1957：206-214.

② 赵德馨. 中国近现代史纲要 [M]. 北京：高等教育出版社，2007：1.

③ 张海鹏. 关于中国近现代史的分期问题 [N]. 北京日报，2015-7-27.

入了经济史学领域。不同于以民族斗争和阶级斗争的重要表现为分期标准，中国近代国民经济史的分期标准，应当是国民经济变化的重要表现，即采取那些对经济发展有重大影响并能表明一定阶段经济发展实质的阶级斗争和民族斗争的发生和终止的年代，作为经济史分期断限的年代[①]。他主张将中国近代国民经济史划分为三个时期和九个阶段：1840—1894 年是中国由封建社会经济一步一步变为半殖民地半封建社会经济的时期，即半殖民地半封建社会经济形成的时期；1894—1927 年是中国半殖民地半封建社会经济性质的加深或"发展"时期；1927—1949 年是中国半殖民地半封建社会经济开始崩溃和新民主主义经济产生和胜利的时期，其中每个时期又可以分为若干阶段，分别以 1864 年、1911 年、1919 年、1931 年、1937 年、1945 年为界限[②]。

《关于中国近代国民经济史的分期问题》一经发表，立即引发了国内经济史学界关于中国近代国民经济史分期问题的讨论。

茅家琦同意赵德馨的观点，认为中国近代社会是半殖民地半封建社会，中国近代经济史的内容应该是中国半殖民地半封建社会的经济史，其起点应从1840 年鸦片战争开始，其下限应是 1949 年中华人民共和国的成立。中国现代经济史则应当是中国社会主义社会的经济史，它的起点是中华人民共和国的成立。

另外，其他学者对中国近代国民经济史分期问题提出的观点主要有两点：

其一，郭庠林、张传仁等人认为，中国近代经济史应当主要阐述中国经济如何由封建经济一步一步地走上半殖民地半封建经济的道路，是中国半殖民地半封建经济的形成和加深的时期，它的起点是 1840 年，终点是 1919 年的五四运动或 1927 年红色政权及新民主主义经济的出现。中国现代经济史的研究对象是新民主主义经济的产生、发展和胜利以及半殖民地半封建社会经济的崩溃过程，它的起点应当是 1919 年或 1927 年，终点是 1949 年中华人民共和国的成立。

其二，吴杰等人认为，中国现代经济史应以 1919 年五四运动为起点，其下限不是 1949 年中华人民共和国的成立，而应当包括中华人民共和国成立以来的经济发展过程，即以中国社会主义性质经济因素的产生为起点，直到今日的胜利、发展为内容。[③]

---

①　赵德馨.关于中国近代国民经济史的分期问题 [J].学术月刊.1960（4）：50-59.

②　赵德馨.关于中国近代国民经济史的分期问题 [J].学术月刊.1960（4）：50-59.

③　赵德馨.关于中国近代经济史分期问题的讨论 [N].光明日报，1961-1-16.

在这次关于中国近代国民经济史分期问题的讨论中，多数学者赞同以 1840 年为起点，1949 年为终点。据张永刚、冯小红统计，到 20 世纪 80—90 年代，国内出版的中国近代经济史学科的教材绝大多数以半殖民地半封建经济形态的形成、加深和崩溃为主线，以 1895 年和 1927 年为分界点，将中国近代经济史分为 1840—1895 年、1895—1927 年、1927—1937 年三个大阶段。进入 21 世纪以后，国内大多数中国近代经济史的教材都写到了 1949 年。[1]

二、提出以经济现代化为主线研究中国近代经济史

1978 年，中国共产党第十一届三中全会提出全党全国人民的中心任务是实现国家现代化。赵德馨受此启发，开始以经济现代化作为研究中国近代经济史学和现代经济史学的主线。他认为，这条主线既反映了中国经济现代化的历史事实，也是新时代的中心任务，它有可能成为今后阐释中国近代经济史和现代经济史的模式之一。

针对中国近代经济史中心线索（即主线）的问题，国内经济史学界曾在 1988—1990 年间有过一次集中的讨论，提出了各种不同的观点。例如，有学者提出以近代化、殖民地化与资本主义化、外国资本的入侵、农业文明—工业文明—现代化等作为近代中国经济史主线索的主张。朱荫贵认为，这次讨论中提出的各种观点实际上都是围绕中国资本主义的发生和发展展开[2]。

吴承明与赵德馨在这次讨论中都提出要以"经济现代化（也称'近代化'）"作为研究中国近代经济史学的中心线索或主线的观点。

吴承明认为，半殖民地半封建的百年间，是中国历史的又一次大曲折，但新的力量和运动也在这里开始。无论是从人口、移民、农业结构的演变来看，或是从新式工业和交通运输业的创建来看，或是从自然经济的分解和商品、货币经济的发展来看，我们都没有悲观的理由，而是可以同近代政治史、文化史一样，作为中国近代化开端中的一章[3]。之后，吴承明进一步指出，从传统经济向市场经济的转变，应是经济史研究的一个重要课题[4]，任何一个国家或民族，

① 张永刚，冯小红.建国以来国内出版的近代经济史教材研究 [J].山东师范大学学报（人文社会科学版），2009（4）：43-46.

② 朱荫贵.对近代中国经济史研究中心线索的再思考 [J].社会科学，2010（6）：145-149.

③ 吴承明.中国近代经济史若干问题的思考 [J].中国经济史研究，1988（2）：35

④ 吴承明.市场经济和经济史研究 [M]// 吴承明：市场·近代化·经济史论.昆明：云南人民出版社，1996：291.

迟早会由传统社会进入现代社会，但是，正像历史上有的国家或民族没有经过奴隶制社会，有的没有经过封建社会那样，实现现代化也不一定必须经过资本主义社会，中国就是由半殖民地半封建社会进入社会主义的。但进入社会主义后，仍然要建立市场经济体制，才能实现现代化①。因此，吴承明主张以市场经济的发展来研究中国近代社会走向现代化的历史过程②。

汪敬虞曾对经济史学研究的主线做过这样的描述：在我的心目中，中心线索就像一支糖葫芦棍，是贯穿事物整体的一条主线。通过这条主线，能更紧密地联结主体的各个部分，更好地认识主体。一部历史，通史也好，专史也好，有没有中心线索，形象地说，就看它像一串糖葫芦，还是一口袋土豆。一部具有比较理想的中心线索的历史，不但是一部正确的历史，而且是一部丰富的历史。它不仅像一串糖葫芦，而且更像一根藤上的葡萄串。说它像葡萄串，指的是葡萄串上的葡萄，大小不同，色泽各异，疏密有间，错落有致。如果说糖葫芦串上的葫芦是机械排列，那么葡萄藤上的葡萄串，就是有机的构架。③

赵德馨受此启发，认为在经济史学的研究中，主线属于主观范畴，是客观事物的反映。④因此，他在 2003 年出版的《中国近现代经济史》的导言中，对经济史学研究的主线做了如下解释：

经济史著作中的主线（或称主要线索、中心线索、基本线索），从客观事物说，是特定空间、特定时间内特定经济（部门、领域、现象）发展的趋势。从作者来说，是观察这种趋势的视角和反映。经济发展的趋势有多个方面。人们观察经济趋势有不同的视角，可以得到不同的反映。因而，不同的作者对同一时期、同一地域的同一经济的描述会有不同的主线。主线一旦被确定，它便成为贯穿论著的中心思想，将研究对象的各个部分紧密地联结在一起，使之成为一个体系，从而使读者认识该空间与时间内经济变动的本质。⑤

在经济史学的研究中，主线问题属于主观的范畴，它是研究者研究历史事实时采用的一种视角和分析范式。因此，对相同的研究对象采用不同的主线也是合理的。在赵德馨的研究成果中则体现为：随着时代的变化，经济史学研究

① 吴承明.中国的现代化：市场与社会代序[M].北京：三联书店，2001：1-18.
② 朱荫贵.对近代中国经济史研究中心线索的再思考[J].社会科学，2010（6）：145-149.
③ 汪敬虞.汪敬虞集[M].北京：中国社会科学出版社，2001：214，217.
④ 赵德馨.关于中国近代经济史中心线索的二三事——学习汪敬虞先生论著笔记[M]//赵德馨.经济史学概论文稿.北京：经济科学出版社，2009：487.
⑤ 赵德馨.中国近代国民经济史教程[M].北京：高等教育出版社，1988：1.

所要解决的时代任务或要回答的时代问题也在随之变化，因而他在研究中采用的主线也在与时俱进地改变。

进入 20 世纪 80 年代，赵德馨开始尝试以经济近代化（在赵德馨的著作中，"近代化"与"现代化"同义）为主线研究中国近代经济史学。他在 1988 年 10 月出版的《中国近代国民经济史教程》中，把中国近代社会经济的演变趋势概括为：中国经济逐渐地由独立经济向依附经济，由封建经济向半封建经济，由自然经济向商品经济，由古代经济向近代经济演变[①]。他将研究中国近代经济史学的主线由 20 世纪 50 年代采用的半殖民地半封建经济形态的演变改为经济近代化，主要有两个方面的原因：第一，是时代的任务或研究的时代背景发生了变化。20 世纪 50 年代，经济史学的任务之一是要阐述新民主主义经济形态代替半殖民地半封建经济形态的合理性。20 世纪 80 年代，经济史学的任务之一是为国家的现代化进程提供历史经验与理论指导。第二，以经济形态的演变为主线，在研究视角上只限于生产关系方面，没有包括生产力。而经济现代化主线在内含上既包括了生产关系，也包括了生产力[②]。

《中国近代国民经济史教程》与同时期出版的其他中国近代经济史学著作相比，在以下两个方面的创新：第一，将时段延长至整个近代时期，分为半殖民地半封建经济形态地区（1842—1949 年）、殖民地经济形态地区（1842—1949 年，含 1842—1949 年的香港、澳门地区，1895—1945 年的台湾地区，1842—1943 年的租界和租界地，1931—1945 年日本侵华军占领的东北和关内地区）和新民主主义经济形态地区（1927—1949 年）。第二，在此基础上，又将半殖民地半封建经济形态地区分为主体地区和少数民族地区。这是在两个层次上划分区域经济。其中，第二层次的划分以民族聚居地为标准。由于各个民族的经济生活不同，所以形成了各具特色的区域经济。以民族聚居地为标准划分区域经济，是应有的选择之一。

该书一个突出的学术贡献是将中国近代经济史的上限由第一次鸦片战争爆发的 1840 年改为第一次鸦片战争结束签订《中英南京条约》的 1842 年。赵德馨依据欧洲经济从古代型向现代型转化的历程，指出历史的事实是先有商业革命和市场化，然后才有农业革命和工业革命（工业化）。国外市场和国内市场

①　赵德馨.中国近代国民经济史教程[M].北京：高等教育出版社，1988：16.

②　据赵德馨先生口述，他本人在反思《中国近代国民经济史讲义》的不足时曾提道，"全书定性分析多，定量分析单薄，特别是宏观的、总量的分析欠缺"。主要的原因就是由于当时的研究只放在生产关系方面。

的开拓，是工业革命的前提和基础①。因此，中国在经济领域的近代化进程起步于第一次鸦片战争结束的 1842 年。

三、第二次突破：提出经济现代化两层次学说，突破 1949 年的界限

赵德馨以经济现代化为主线编写了《中国近代国民经济史教程》。他认为，虽然以经济现代化为研究主线，但是对"经济现代化"的内涵、经济现代化与经济各部门变化的关系、中国经济现代化与近代中西关系等问题还没有"完全想清楚"②。因此，他在 20 世纪 80 年代中叶后，直到 2001 年，从中国经济现代化的角度相继进行了多项专题研究。这些专题研究主要从四个方面来进行：第一，经济现代化的内涵及其表现，这包括经济现代化与国民经济各部门之间的关系。第二，1842—1949 年中国经济现代化进程与 1842 年前中国经济之间的联系。第三，1842—1949 年中国经济现代化进程与 1949 年以后经济现代化进程之间的关系。第四，中国经济现代化与 1842 年后中外经济关系之间的关系。③为此，他发表了 12 篇专题论文，出版了 4 本专著（包括合著与主编的著述）。通过上述研究，他对中国经济现代化的内容有了比较明晰的认识。

赵德馨在《中国近代国民经济史教程》中指出，鸦片战争后，中国经济现代化的进程是从流通领域开始，即先引起商业和金融的变化，然后才引起生产和财政的变化④。

1987 年，他在提交"对外经济关系和中国近代化国际学术讨论会"的论文《世界经济大危机与湖北农产品商品化的变化》中指出，"因中外关系变化引起的中国近代化过程，在经济领域中包括两个层次：以卷入并依附世界市场为特征的商品经济的发展和以使用机器与外国资本占重要地位为特征的资本主义生产的发展。后者以前者为基础，为前提。中国经济近代化发展的进程，在总体趋势上，是从流通领域到生产领域；从沿海沿江沿边通商口岸城市到农村，从

① 赵德馨.中国近代国民经济史教程 [M].北京：高等教育出版社，1988：58-65.
② 赵德馨.关于中国近代经济史中心线索的二三事——学习汪敬虞先生论著笔记 [M]// 赵德馨.经济史学概论文稿.北京：经济科学出版社，2009：487.
③ 赵德馨.关于中国近代经济史中心线索的二三事——学习汪敬虞先生论著笔记 [M]// 赵德馨.经济史学概论文稿.北京：经济科学出版社，2009：497.
④ 赵德馨.中国近代国民经济史教程 [M].北京：高等教育出版社，1988：5.

东部地区向西部地区发展"。①

赵德馨在做论文报告时，着重阐明了他对经济现代化内涵的认识，提出了"经济现代化的两层次学说"。他认为，第一，经济近代化的内涵包括多个层次，其中主要的是市场化和工业化。市场化过程与自然经济到商品经济的过程同步，它是以社会分工和生产、分配、消费、交换的社会化为基础。市场化是经济运行机制现代化的代名词。工业化是设备技术现代化的代名词。第二，市场化与工业化在不同的历史阶段的具体表现形态不同。第三，经济现代化不仅是工业化。市场化是工业化的基础与前提，也是经济现代化的基础与前提。经济现代化的进程是从市场化开始，从流通领域进入生产领域。②

赵德馨"经济现代化两层次学说"的提出，给研究中国近代经济史提供了一个新的视角或主线，打破了"资本主义化 = 近代化""工业化 = 近代化"的理论认识，以资本主义的发展变化或资本主义的发展与不发展作为研究中国近代经济史的中心线索或主线的观点。以经济现代化作为研究中国近代经济史的主线，既能反映出 1842—1949 年间中国经济生活中实际的生产关系的变化过程，又能反映出生产力性质的变化。尤其突出后者的变化的过程：由手工业生产到机器生产③。

吴承明在 20 世纪 80 年代时，也提出了以经济现代化作为研究中国近代经济史的中心线索④。当时，吴承明对现代化的定义是从历史的角度看，大体包括经济上的工业化，政治上的民主化以及新的文化观念和价值观念的确立等几个方面⑤，在经济领域，把现代化等同于工业化。到了 20 世纪 90 年代中期，吴承明对于经济现代化内涵的认识也发生了变化。1998 年底，他在接受《中国经济史研究》杂志社的访谈时谈道，"工业化实质也是现代化，但不等同于现代化，它是从 1860 年以后开始的……西方现代化是从市场化开始的，商业革命引起工业革命。这实际上是马克思的理论，《共产党宣言》就提到过。《德意志意识形态》中提出'交往与生产力'，工厂手工业和机器大生产都是从'交往'

① 赵德馨.世界经济大危机与湖北农产品商品化的变化 [J].中南财经大学学报，1991（5）：112-118.

② 赵德馨.市场化与工业化：经济现代化的两个主要层次 [J].中国经济史研究，2001（1）：82-96.

③ 赵德馨.中国近现代经济史（1842—1949）[M].郑州：河南人民出版社，2003：11.

④ 吴承明.中国近代经济史若干问题的思考 [J].中国经济史研究，1988（2）：153-160.

⑤ 吴承明.市场·近代化·经济史论 [M].昆明：云南大学出版社，1996：8.

来的。西方理论家也是这样说的，这几乎成为定论。中国的现代化道路虽然曲折，16、17 世纪闭关自守，没有抓住当时的机遇，但在对外走私贸易中仍有不少收获。当然，规模是不行了。市场发展状况可以代表中国经济发展的兴衰。"他在研究现代化问题时采用了希克斯的学说，即"现代化就是市场经济化"。[①]

赵德馨在以经济现代化作为主线研究中国近代经济史的过程中认为，中国经济的现代化历程起步于 1842 年，至今仍在延续。它既是中国过去一个半世纪经济生活演变的基本趋势，又是当前的主要任务，更是今后很长一个时期的中心任务[②]；既是发展的过程，又是发展的目标。作为一个动态过程，它是指中国从传统经济（古代经济）向现代经济的转变[③]。依此，他认为，1949 年前的"中国近代经济史"与 1949 年后的"中国现代经济史"是一个连续发展的过程。同时，从社会经济形态变化的角度来看，中国的新民主主义经济形态产生于 1927年，终止于 1956 年，如果以 1949 年作为中国近代经济史和中国现代经济史的分界点，一部完整的新民主主义经济形态史就会被"腰斩"。因此，他建议开设中国近现代经济史课程，打破中国近代经济史与中国现代经济史研究的长期割裂的状态[④]。他编著了教材《中国近现代经济史（1842—1991）》，通过研究实践，打破了在中国近代经济史与中国现代经济史之间横亘的 1949 年界限，打通了中国近代经济史学与中国现代经济史学的研究。这是他在中国近代经济史学研究中的第二次打破。对于突破 1949 年的研究界限，朱荫贵在 2010 年发表的《对近代中国经济史研究中心线索的再思考》一文中提道，"打破中国近代经济史研究和中国现代经济史研究长期存在的割裂、各司其职的缺憾"[⑤]。

第三节　赵德馨的中华人民共和国经济史理论研究

在中华人民共和国经济史理论研究方面，赵德馨注重经济发展的连续性特点，强调将中华人民共和国成立以来的经济史与中国近代经济史作为一个整体，在弄清经济发展过程的基础上进行理论抽象。因此，他以鸦片战争结束以

---

① 吴承明.市场史、现代化和经济运行[J].中国经济史研究，1999（1）：3.
② 赵德馨.中国近现代经济史（1842—1949）[M].郑州：河南人民出版社，2003：11-12.
③ 赵德馨.中国近现代经济史（1842—1949）[M].郑州：河南人民出版社，2003：12-13.
④ 赵德馨.对中国经济史教学改革的两点建议[J].经济学动态，2001（5）：33-35.
⑤ 朱荫贵.对近代中国经济史研究中心线索的再思考[J].社会科学，2010（6）：145-149.

来的经济史作为研究对象，抽象出了诸如"三次现代化机遇的丧失""经济现代化起步的被动型与嫁接型""'之'字形路径"等经济史理论。

早在 1958 年，赵德馨基于对新民主主义经济研究的需要，便进行了开设"中国近现代经济史"课程的尝试。进入 20 世纪 80 年代以后，他对中国近现代经济发展的过程有了新的认识，并决定以经济现代化为主线开展研究。他于 1987 年完成的《中国近代国民经济史教程》是以经济现代化为研究主线的第一次实践。1996 年，在教育部"经济学、法学面向 21 世纪教学改革"招标活动中，他的"中国近现代经济史教学改革方案"中标。这项改革方案包括两个内容：改革思路的报告和按此思路写成的教材。1997 年，教育部又将后者列为全国普通高等学校"九五"教材建设计划中的国家重点教材。到 2002 年，赵德馨历时 5 年完成了中国第一本近现代经济史教材——《中国近现代经济史（1842—1991）》[1]。

《中国近现代经济史（1842—1991）》分为上、下两册，上册的时限是 1842—1949 年，下册的时限是 1949—1991 年。在研究的时间上沿，他坚持了自己在《中国近代国民经济史教程》中的观点，认为中国经济近代化的历史起步于 1842 年，而不是鸦片战争开始的 1840 年。在研究的时间下沿，他坚持了经济史学的研究要跟随历史的步伐前进的治学观念，将时间下沿定在中国改革开放后第一阶段经济改革完结的 1991 年[2]。这是该书首要的创新之处，也是中国第一部以 1842—1991 年的中国经济发展过程为研究对象的经济史教材与专著。作为第一部以经济现代化为主线的教材，该书一改以往的此类教材以阶级斗争或生产关系的演变为研究主线的框架。但该书并不将研究对象的时间范围完全限定在 1842—1991 年这个区间，而是既前溯又下沿。在前溯方面，该书从中国有人类经济活动的远古时代写起，贯穿整个古代时期，突出了中国经济发展的连续性；在下沿方面，该书写到了成书前的 2000 年，对从 1949 年到 2000 年的中国经济发展的路径、阶段性特征与历史经验进行了理论分析，并抽象出了"新中国经济发展的'之'字路"理论，使全书的研究与现实紧密相连。因此，该书是赵德馨对中国经济发展的历史过程进行连续的、整体的研究的一次尝试。

其次，注重运用经济理论分析史实。这种分析方法在 20 世纪 90 年代的中

---

[1] 赵德馨.中国近现代经济史（1842—1991）[M].厦门：厦门大学出版社，2013.

[2] 1992 年以后，进入中国建设"社会主义市场经济"的历史时期。

国经济史学界经济史教材的编写中，是具有创新性的①。该书用于分析史实的理论主要有三种：一是在整体分析中运用"经济现代化两层次理论"；二是在分析中国近现代社会经济形态演变时，运用过渡性社会经济形态理论；三是在分析中国近现代各种经济形态的矛盾与互补，突出特定历史阶段最具活力的经济形态时，运用互补理论。依据以上三种理论，他提出了以下观点：其一，中国经济向现代化方向前进，具有内在的基础与动力，基本趋势是发展、进步、上升，现代化的实现，离不开市场化与工业化的共同发展；其二，最有利于中国经济向现代化发展的经济形态是新民主主义经济形态、社会主义初级阶段经济形态；其三，多元互补型经济适合中国的国情，有利于经济的发展。②

最后，在利用经济理论分析史实的基础上，注重依据中国经济发展的历史实际进行理论概括，这反映了中国经济发展的历史规律和趋势，是中国式的经济史理论。其主要有以下三种：

其一，三次现代化机遇的丧失。第一次是 1842—1895 年。清政府只想维持统治，对推动经济现代化进程的积极性不高。日、俄两国因为全面的现代化建设而迅速发展，并通过发动对中国的侵略战争获取在华特权，并进一步推动自身的现代化进程。同时，中国因战败而陷入财政困境，无力推行大型现代化建设。自此以后，中国与日、俄两国，特别是日本的经济差距越来越大。第二次是 1912—1945 年。北洋政府时期的军阀混战，以及日本对中国发动的侵华战争，共同导致中国在此期间错失在第二次工业革命中实现经济现代化的机会。第三次是 1957—1978 年。对经济体制模式选择的失误等原因，使中国经半殖民地半封建经济形态转变为新民主主义经济形态后，没有进一步得到发展，导致中国错失在第三次工业革命中实现经济现代化的机会。

其二，经济现代化起步的被动型与嫁接型。赵德馨将中国经济现代化的历程放在世界经济现代化进程的大背景下考察。从世界经济现代化的历史经验看，经济现代化的起步主要有两种类型：主权独立国家实行的主动型经济现代化与主权不独立或不完全独立国家的被动型经济现代化。中国近代经济发展的历史实际表明，中国的经济现代化属于被动型。被动型又可分为两种形式：嫁接型与移植型。两者的区别在于不同的国家在经济现代化起步时的经济发展水平不同。中国经济的某些领域的发展，在进入近代时期前，已经产生了现代化

①　同时期出版的刘佛丁教授主编的《中国近代经济发展史》（高等教育出版社 1999 年），亦是将经济学理论用于经济史学的研究中的典范。

②　赵德馨.中国近现代经济史（1842—1949）[M].郑州：河南人民出版社，2003：17-20.

因素的萌芽。因此，中国经济的现代化起步，总体上是嫁接型；具体领域上，既有嫁接型又有移植型。

其三，"之"字形路径。中国经济发展的阶段性特征，以经济发展水平为指标，表现出一条"之"字形路径。中国经济发展的"之"字又可分为"大之字路""中之字路""小之字路"。以中国的经济水平在世界经济中的地位来看，以 GDP 为具体考量指标，从 11 世纪到 21 世纪中叶，中国在世界经济中地位的动态过程是一条"最前列—落后—最前列"的"之"字路[①]。以市场经济的发展来看，从 19 世纪 40 年代以后，市场经济迅速发展，到 20 世纪 30—40 年代市场经济机制基本建立，再到 20 世纪 50 年代到 70 年代市场经济从萎缩到被计划经济代替，而 20 世纪 80 年代以后，从实行市场导向的改革到以建立社会主义市场经济体制为目标，市场经济由恢复过渡到发展。在这 150 年里，中国的市场经济经历了一条"发展—衰落—恢复与发展"的"之"字路。从 1949 年以来的经济发展的阶段性来看，在 1949—1956 年、1959—1978 年和 1978 年以后，中国经济的所有制结构经历了"多种—单一—多种"的过程；经济体制经历了"市场加计划—计划加市场—市场加计划"的过程；经济增长速度经历了"快—慢—快"的过程；经济增长质量经历了"好—坏—好"的过程。因此，在 1949 年以来的 50 年里，中国的经济发展呈现出一个明显的"之"字路。[②]

第四节　若干贯通中国古今经济史的理论分析

赵德馨从事中国经济史学研究的目标是"求通"。进入 20 世纪 90 年代，随着其主编的《中国经济通史》一书的出版，在经过近 50 年的不断探索后，他对中国经济发展的整个历史过程有了比较全面的认识，积累了大量相关的研究成果。在此基础上，赵德馨进行了一系列关于中国古今经济史的理论抽象，为构建具有中国特色的经济史理论进行了诸多尝试。

---

① 该书完成于 2003 年，预计中国经济在 21 世纪中叶能够达到中等发达国家的水平，从而迈入世界经济的最前列。而在该书出版 7 年后，在 2009 年的第二季度，中国的 GDP 总量超过日本，成为世界第二大经济体。

② 赵德馨.中国近现代经济史（1842—1949）[M].郑州：河南人民出版社，2003：20-24.

一、中国对外关系的演变对经济发展的影响

20 世纪 90 年代初期，随着改革开放政策的实施，中国在经济领域取得了长足的发展，以 1978 年价格为不变价格计算，1991 年的实际 GDP 达到 9733 亿元，比 1978 年的 3645 亿元增长了 267%，实际 GDP 年均增长 8.64%[①]。但是，对于中国的对外开放政策，当时亦有人提出疑问："现在对外开放，把一块块的土地租给外国人，这与中国近代史上的租借有何不同？"赵德馨在对近代中西关系的变化过程进行考察后，决定将研究的范围扩大到整个中国对外关系史的演变过程，在历史的长河中寻求答案。

赵德馨发现，中华民族自古以来就是一个开放的民族，既与周边相邻、相近的国家与民族有着经济上的往来，又与相隔甚远的中亚、西亚、欧洲、非洲等地区的国家与民族存在着经济上的交流。纵观整个中国对外关系变化的历史过程，大致经历了开放—闭关—被动开放—主动开放的过程[②]。

中国自殷商时期开始到 14 世纪下半叶，处于开放的时代。中国与其他国家与民族在文化与经济上有着广泛的交流，促进了中国自身的文化与经济的发展，带来了国力的强盛。因此，中国在两汉、唐朝以及 16 世纪初期，在经济、科技、教育、文化等领域都处于世界领先地位。

从 14 世纪下半叶开始，中国对外关系政策出现了由开放向自我封闭的转折。这个转折有客观的历史原因。一是因为明朝自建立时起，迫于鞑靼、瓦剌族的入侵压力，从洪武到万历年间（1573—1619 年），不断修筑长城。二是因为从 14 世纪开始，日本海盗集团（倭寇）在中国沿海地区的劫掠与走私日益严重。三是因为葡萄牙自 1514 年来到中国后，既寻求经济上的往来，又在沿海劫掠，更于 1535 年强占中国澳门。随后，西班牙、荷兰等国也屡次侵犯中国边境。到清朝时期，闭关政策发展到了顶峰。在此时期，随着西方国家的兴起，中国逐渐处于落后的地位，丧失了一次与西方国家并驾齐驱的机会。

鸦片战争的爆发，使得中国自我封闭的国门被迫打开，中国对外关系的发展进入从闭关到被动开放的历史阶段。由于落后国家对先进国家的开放是被动的开放，因而"权操于人"并且使中国的国力逐渐步入历史的低谷。

在被动开放的局势下，每一个被动开放的国家都会转入争取主动开放的进程。因此，部分先进的中国人通过在各个领域反对西方国家侵略的斗争和向西

---

① 根据历年《中国统计年鉴》GDP 数据计算而来。

② 赵德馨．对外开放与封闭：历史的过程与经验 [J]．中南财经大学学报，1994（6）：71-80.

方学习，开始艰难地迈出追赶西方人的步伐。在这场持久的、广泛的斗争与学习过程中，中国人逐步懂得，并非开放通商口岸不对，并非开放资本市场不对，并非增加进出口商品不好，问题在于开放的主导权是在自己手中还是在他人手里。在这种认识之下，中国人就在被动开放的局势下开展了争取主动开放的斗争。

最后，赵德馨总结道："由邓小平提出的中国现在执行的对外开放政策，既是中国当前阶段国内外形势的要求，也是对中国3000年处理对外关系的经验教训的科学总结。"[1]

二、中国历史上的经济增长方式

1978 年，中国共产党第十一届三中全会做出了改革经济体制的决定，同时提出了提高经济效益的任务；1987 年，中国共产党第十三次全国人民代表大会进一步提出了改变经济增长的方式——从粗放经营为主逐步转向集约经营为主的轨道；1992 年，中国共产党第十四次全国人民代表大会又提出，要促进整个经济由粗放经营向集约经营转变；20 世纪 90 年代中期，中国共产党第十四届五中全会正式将经济增长方式转变和经济体制转变作为两个对国民经济发展具有全局意义的任务提出来，认为这两个转变是"根本转变"，是实现国民经济发展目标的关键。因此，赵德馨开始从"粗放型生产"与"集约型生产"的角度，探讨中国历史上的经济增长方式。

从远古到清代中期以后，赵德馨认为中国的经济增长方式先后经历了四个历史时期：先秦到两汉的古代集约型生产方式的产生期；两汉到隋唐的古代集约型生产的成熟期；宋代到清代中期的古代集约型生产与经济增长方式的停滞期以及清代中期以后的古代集约型生产方式与经济增长方式向现代型转变的转变期[2]。

其中，先秦到两汉的古代集约型生产方式的产生是由政府推动的，目的在于节约稀缺资源——土地，以提高稀缺资源的生产效率，进而达到经济增长的目的。两汉到隋唐时期，由于生产力水平的发展，原来属于集约型的生产方式变成粗放型的生产方式。新的集约型生产方式是在均田制及租佃制下的小农生产。因此，这次经济增长方式的转变与经济制度由奴隶制转向封建制的历史过程是相辅相成的。宋代到清代中期，在世界范围内，先是英国，然后是法、美

[1]　赵德馨.对外开放与封闭：历史的过程与经验 [J].中南财经大学学报，1994（6）：71-80.

[2]　赵德馨.关于中国经济史上的经济增长方式 [J].中国经济史研究，1998（1）：56-64.

等国家发生了经济增长方式从古代型到现代型的转变。而中国的经济增长方式没有发生根本性变化，仍然是依靠劳动力的增长、开垦荒地和新的作物品种的引进带来总量上的增长，没有发生从古代型向现代型转变的变化，因此，这一时期是中国经济增长方式发展的停滞期。赵德馨发现，中国经济增长方式发展停滞的原因在于商业发展的前提条件——商人的自由发展受到限制，科学技术没有实现从古代科技到现代科技的转变。究其根源，在于官本位及轻商、贱商、抑商的社会环境。清代中期直到 20 世纪末，一直是古代型集约生产方法与经济增长方式向现代型转变的转变期。这种转变的主要标志是"19 世纪中叶以前，土地是经济增长的主要源泉；19 世纪中叶以后，实物资本是主要源泉，'人力资本'在经济增长中起的作用日益变大"[①]。这次转变伴随着基本生产部门由农业到商业和工业的转变，由内生到外生的转变。

随后，赵德馨又考察了经济制度与经济增长方式转变的关系。他发现，市场发展快的时期，经济增长方式转变速度也快；市场发展慢的时期，经济增长方式转变的速度也慢。但是，两者的转变并不是同步进行的，而是经济增长方式的转变滞后于经济体制转变。

20 世纪 90 年代中期，中国共产党第十四届五中全会提出把经济增长方式转变和经济体制转变作为两个对国民经济发展具有全局意义的任务后，需要"从经济增长方式转变滞后现象及其原因的分析中，找出适合中国国情的经济增长转变之路"。赵德馨认为，由于中国最丰裕的资源是劳动力，最稀缺的资源是资本，所以，当前阶段经济增长方式的转变，应在尽可能节约资本与强化利用劳动力方面下功夫，应在使这两方面协调的条件下采用先进的技术。这是中国当前阶段经济增长方式转变的合理道路与特色。又因为与世界其他国家相比，历史形成的情况不同，自然资源禀赋不同，社会经济制度不同，所以中国在经济增长方式的转变方面必将走一条与别国不同的路。[②]

三、商兴国兴论

赵德馨于 2003 年发表的《论商兴国兴》[③]，是他在中国商品经济史研究领域贯通古今的成果，是他通过考察中国历史上的商品交换及商业演变的历史趋势与中国历史上各时期经济水平的发展情况，对商业的发展与国家经济水平之间

---

① 赵德馨.关于中国经济史上的经济增长方式 [J]. 中国经济史研究，1998（1）：56-64.

② 赵德馨.关于中国经济史上的经济增长方式 [J]. 中国经济史研究，1998（1）：56-64.

③ 赵德馨.论商兴国兴 [J]. 中国经济史研究，2003（3）：62-69.

的关系进行的理论分析。

20 世纪 50 年代,其研究生学位论文《两汉的商品生产和商业》对两汉时期商业的发展与社会制度的演变进行了全面的考察,并提出了"商品货币关系不是孤立自在的东西,必须把它放在与各种经济条件的关联中,特别是与生产结构的关联中加以考察"的观点。他沿着这一思路,在 20 世纪 90 年代完成了《商品货币关系发展水平与生产结构的关系——以公元一世纪前后为例》一文,从商品货币关系发展水平与生产结构的关系的角度,阐述了公元 1 世纪前后中国商品货币关系由盛而衰的变化。

赵德馨发现,从中国历史的实际情况上看,"商兴国兴"的关系表现为"商品交换兴起促进国家兴起"与"商业兴旺促进国家兴旺"。具体呈现出以下 5 个阶段:公元前 8 世纪—公元前 1 世纪,商业兴旺,国家经济发展水平与经济力量从后进上升到世界数一数二的地位上;1—6 世纪,是商品经济的转折时期,境内商业衰落,中国经济从世界前列退居后进地位;7—14 世纪,商业发展水平上升,中国经济由后进跃居世界第一;15—19 世纪中叶,境外商业发展迅速,境内商业发展缓慢,中国从世界最先进的国家变为落后国家;19 世纪中叶至 21 世纪初,商业进入现代阶段,发展水平经历由"低—高—低—高"的过程,国家经济实力的起伏与之呈平行状。[①]

总体而言,在商业发展水平上升时期,国家经济实力上升,中国经济实力在世界各国中所处的地位上升;在商业发展水平下降时期,国家经济实力下降,中国经济实力在世界各国中所处的地位下降。商业兴衰路径与国家兴衰路径呈平行状,商业兴衰先于国家兴衰。传统商业时期如此,现代商业时期亦然。但是,赵德馨强调,商业兴衰仅仅是影响国家兴衰的原因之一,而不是唯一的原因。[②]

通过"商兴国兴论",我们可以了解到,商业的发展与国家实力之间存在着互动的关系,商业确实能够促进国家实力的上升,促进人民生活的改善。在中华人民共和国成立以后,新民主主义经济时期,商业迅速恢复并发展,是中国国民经济迅速恢复到历史最高点的原因之一。而随后开始的"三大改造""计划经济"的实行,使商业开始衰落,国家的整体经济水平停滞不前。因此,自改革开放以来,中国共产党一直在推动商业领域的发展,越来越重视市场在资源配置中的作用。这符合中国历史发展的规律,而不是单纯地依据国外的

---

① 赵德馨.论商兴国兴 [J].中国经济史研究,2003(3):62-69.

② 赵德馨.论商兴国兴 [J].中国经济史研究,2003(3):62-69.

经验，更不是 20 世纪 90 年代一些学者认为的中国在走或应该走"资本主义"道路。

最后，赵德馨还在该文结尾部分进行了一系列追问："明清抑制境外商业，使中国在世界经济中的地位从先进转为落后。在中国经济史上，有没有其他的经济政策带来比这还大的影响？这是不是中国历朝历代经济工作中最严重的教训？商兴国兴、商衰国衰的历史事实如此明显，为什么国家的执政者，从先秦的商鞅，汉初的刘邦、吕后，……却反复实行抑商、轻商政策，具有轻商的思想？为什么轻商思想在中国历史上连绵不断，成为中国经济思想史与文化史的特色之一？中国几千年经济工作中最大的教训出在商业政策上，是否是一种必然？为什么商业兴旺时期国家兴旺，国家统一？为什么商业衰落时期国家衰落，国家分裂？商业对国家兴旺与国家统一起着什么作用，有多大的作用，是如何起作用的？商业在人类社会演进过程中的作用，是否需要重新予以审视？"这给历史学界、经济学界以及经济史学界提供了一系列值得深入研究的问题，随着关于这些问题的研究的展开（有些问题的研究已经开始），必将对中国经济史学的研究发展起到促进作用。

四、中国历史上市场关系发展的三阶段论

在 1996 年 4 月 28 日举行的中国前近代史理论国际学术研讨会上，日本中国史研究会会长中村哲教授在其发言中指出，世界急剧变化的原始动力之一是东亚资本主义的兴盛。中国做出实施开放政策的决定，主要原因之一也是日本、亚洲新兴工业区、东亚国家联盟诸国资本主义经济的急速发展，在当前[①]，这又成为中国经济的市场经济化和世界市场接轨进展比较顺利的主要原因。而世界体制向 21 世纪资本主义转轨的一个主要侧面，即东亚资本主义的发展，这也是中国政治经济体制应发展的方向。可以说，中国自改革开放以后逐步确立的社会主义市场经济体制，其发展的方向应该是向资本主义发展。

赵德馨作为中村哲教授报告的评论人，对其发言指出，之所以有学者认为中国自改革开放后进行的经济体制改革，其发展方向是资本主义，是因为在中国的经济制度中出现了市场经济与私营经济。但是，在中华人民共和国成立之初，私营经济在国民经济中占的比重比 20 世纪 90 年代中期时要大得多，并在 1951—1952 年间仍然有所发展。因此，从中国经济发展的历史实际上看，在

---

① "当前"指中村哲教授发言的 1996 年。

中国的政治经济体制下，市场经济不等同于资本主义经济，私营经济或资本主义经济存在于中国的经济体制中并得到发展，不能决定中国的政治与经济制度是向资本主义发展。[①]

为了更加充分地阐述自己以上的论点，赵德馨考察了中国自氏族社会后期以来4000多年市场关系的发展过程，对中国市场经济的由来进行了理论探讨。

赵德馨认为，中国的市场经济可以追溯到4000多年以前。从其萌生到现在[②]，经历了商品货币关系、商品经济和市场经济三个发展阶段。其中，从远古至两汉，是中国历史上的商品货币关系阶段。它又经历了萌生、形成和繁荣三个小阶段。在这段历史时期，中国人的经济生活，从无交换阶段进入有交换阶段，从物物交换到商品交换，产生了以从事商品交换为职业的人——商人，产生了充当商品交换中介物的特殊商品——货币，产生了用于商品交换的场所——市。随后，市与城逐渐结合为一，产生了城市。在社会结构上，经历了从原始自然经济结构到古代自然经济结构的转变。

从魏晋到清中叶，是中国历史上的商品经济阶段。它又经历了产生与繁荣两个小的阶段。魏晋至唐中叶是中国历史上的商品经济产生阶段。在这一阶段，经历了奴婢主经济形态向庄主经济形态的转变。随着庄主经济代替奴婢主经济，城市间远距离贩运商业和商品货币关系衰落。个体经济之间的交换得到发展，农村市场开始兴起。市场关系向人民基层生活发展，为商品经济的发展奠定了基础。唐代中叶至清代中期，是商品经济的发展和繁荣时期。它经历了庄主经济形态向地主经济形态的转变，而且地主土地私有制逐渐占据主导地位。商业型城市开始出现，城乡市场网络体系开始形成，大商人资本和专业大商人群体开始兴起，产生了以货币为经营对象的金融机构。政府财政收支逐步货币化，货币逐渐白银化。以上一系列的变化，表明中国开始由计划经济向市场经济转型，并踏进了市场经济的门槛。

从清中叶至今，是市场经济阶段。它经历了形成、被计划经济排挤和从计划经济向市场经济转型三个阶段。从清代中叶至中华人民共和国成立初年（1952年），是市场经济的形成时期。在这一时期，开始出现机器的生产。中国市场被动地开放，被卷入世界市场。中国的经济形态由封建地主经济形态转变为半殖民地半封建经济形态。例如，现代型的国内市场开始形成；法定的全

---

① 赵德馨.中国前近代史的奥秘——对日本国中村哲教授《中国前近代史理论的重构——序说》的评论 [J].中南财经大学学报，1996（4）：34-37.

② "现在"指该文完成的2010年，就其研究内容看，可延伸到当前，即2017年。

国统一的度量衡与货币制度逐步推行；在部分大城市中，"市"成为城市的基本职能，产生了现代型的城市；执行生产职能的商人逐步占据主导地位；中国的货币与金融体系与世界接轨，形成了全国性的银行系统；市场开始在资源配置中起基础作用。1953—1978 年，是计划经济排挤市场经济阶段。政府实行抑商政策，导致市场萎缩，但国际、国内贸易依然存在，商品交换从未中断。国民经济长期处于徘徊与停滞的状态。1979 年以后，是计划经济向市场经济转型的时期。这是经历了上一个时期不成功的经济建设后，对经济市场化进程在中断近 30 年后的重启。

由此表明，市场具有为自己扫除前进障碍的内在力量。无论是有巨大破坏力的战争，还是抑商政策，均无法阻碍其前进的步伐。市场经济向前发展是不以人的意志为转移的历史规律。

五、论中国历史上城与市的关系

赵德馨在发表《中国市场经济的由来——市场关系发展的三个阶段》一文后，紧随此文的研究思路，将中国历史上市场关系的发展和城与市关系的演变过程结合起来，撰写了《中国历史上城与市的关系》一文。其实，他对中国历史上城与市关系的演变过程的研究，由来已久。他在研究生学位论文《两汉的商品生产与商业》中，便对两汉时期的城市类型、特点以及分布有了全面的描述，并对城与市的关系有了初步的思考。

赵德馨发现，在中国的历史上，城与市的关系经历了 5 个演变阶段：在游猎采集为生的阶段，无城无市。进入农业定居阶段的氏族社会，城兴，有城无市。家族社会里，市随着商品货币关系的产生而兴起，城中有市，市被垣围住。地主经济形态下，商品经济的发展使市破垣而出，散布全城，城区即市区。市场经济兴起后，市破城墙而出，市比城大，城在市中。城成为市发展的障碍，相继被拆除；新兴之市不再修城，于是有市无城。赵德馨通过考察中国历史上城与市关系的演进过程发现，市场的力量可以突破市垣与城墙的限制，并最终摧毁市垣与城墙，自行前进。中国市场经济是几千年历史客观进程的必然产物，它是内生的，而不是从国外搬来的或主观设定的。[①]这进一步强化了他在《中国市场经济的由来——市场关系发展的三个阶段》一文中得出的结论，即中国的市场经济是中国 4000 多年经济史的必然产物。

---

① 赵德馨 . 中国历史上城与市的关系 [J]. 中国经济史研究，2011（4）：3-12.

此外，赵德馨还发现，随着地主经济的发展，商业也相应地得到发展。在这个发展的过程中，逐渐出现了多种专业商品市场、专业商人和商业资本，诞生了为商业资本流转服务的金融组织。在城市里，商品交易的空间由原来的市区扩大到整个城区，坊市制演变为散市制，商人的活动地盘不再受"市"及其制度的限制，商业和商人由此得到了空间上的解放，商人开始与一般城市居民混居，以"市"字命名的人群，也从"市区"活动者扩展到全城居民。"市民"一词的使用越来越普遍。清代中期，"市民"已成为普遍的称呼，这标志着城市共同体的形成。再结合其他学者对明清城市市民的研究，他认为，马克思·韦伯提出的"中国没有形成成熟的城市共同体"的观点是对中国城市发展历史情况的一种误解。

　　总而言之，赵德馨认为，城与市的兴起以及城与市关系的变化，是交换方式发展的结果。在城与市关系的演变过程中，市垣没能阻挡市场自我扩散的步伐，城墙也没能挡住市场自我扩散的步伐。市的自我扩散力量是人为建筑的城墙无法阻挡的，也是人为制定的政策（如太平天国的城市政策）和制度（如计划经济制度）无法阻挡的。市场的发展符合历史发展的规律，发展市场经济符合中国历史的客观规律。

本章小结

赵德馨认为，经济史学研究的最高层次是经济史理论的抽象。因此，在他的诸多经济史学研究成果中，最为突出的特点是"史论结合""论从史出"。他关于"中国的经济是怎样发展来的"的解答，并不是只将整个历史过程展示出来，而是追求对蕴含其中的历史规律进行归纳与总结，并力求解释推动其发展的机制因素。

在经济史理论研究方面，赵德馨做到了以下两点：首先，赵德馨分别在中国古代经济史、中国近代经济史和中华人民共和国经济史的研究中进行了诸多的理论抽象思考。其中，他提出的主要经济史理论有以下六点：第一，提出解释中国古代商品货币关系在两汉之际由盛转衰根源的"生产结构说"。第二，对中国古代社会形态的变化进行了新的理论解释，提出"五主经济形态论"。第三，提出"经济现代化两层次学说"，对经济现代化的内涵进行了清晰的界定。第四，以"经济现代化两层次学说"为分析框架，对中国近代经济史的界限进行了重新定义。即在时间上限上，从经济现代化起步的角度出发，定在鸦片战争结束后签订《中英南京条约》的1842年，将时间下限定在中华人民共和国成立的1949年，并进一步提出将中国近代经济史与中国现代经济史"合二为一"，将其作为一个整体进行研究。第五，研究中国经济实现现代化的曲折历程，提出"三次现代化机遇的丧失"与"经济现代化起步的被动型与嫁接型"理论。第六，将中国的经济发展置于世界经济发展的环境中，提出揭示中国经济发展阶段性特征的"'之'字形路径"说，并将该学说分为"大之字路""中之字路""小之字路"，对中国经济发展在不同时间维度的阶段性特征进行了深刻的分析与总结。

其次，赵德馨将中国从古至今的经济运行作为一个整体，从不同的角度出发，抽象出了多个具有中国特色的经济史理论。其中，最主要的有以下五个理论：第一，中国对外关系的演变大致经历了开放—闭关—被动开放—主动开放的过程。第二，中国的经济增长方式先后经历了先秦到两汉的古代集约型生产方式的产生期—两汉到隋唐的古代集约型生产的成熟期—宋代到清代中期的古代集约型生产与经济增长方式的停滞期—清代中期以后的古代集约型生产方式与经济增长方式向现代型转变的转变期。第三，提出"商兴国兴论"，对中国历史上的商业发展水平与国家经济发展水平之间的互动关系进行深入的探讨。第四，提出"中国历史上市场关系发展的三阶段论"，论证了中国发展市场经济的历史必然性。第五，论证中国历史上城与市的关系大致经历了无城无市—有城无市—城中有市—城区即市区—有市无城的过程。

　　赵德馨提出的各种经济史理论的背后，又有深刻的现实意义。例如，他关于中国对外关系演变规律的研究，目的是说明开放的格局有利于中国经济的发展。中国的历史经验表明，当中国的对外关系处于一种主动开放的状态时，其经济的运行往往处于向上发展的轨道。开放带来经济的发展，促进中国的经济水平达到世界的领先地位。这反驳了 20 世纪 90 年代有关中国的对外开放改革与中国近代的被动开放相类似的说法。又如，20 世纪 90 年代中期，中国的经济发展进入转变增长方式的历史节点。赵德馨关于中国历史上经济增长方式的研究，目的便是找出适合中国国情的经济增长转变之路。赵德馨的"商兴国兴论""中国历史上市场关系发展的三阶段论""中国历史上城与市的五阶段论"，可作为一个整体来解读。即中国从古代开始就有发展市场经济的"历史基因"，同时市场经济的发展不会被任何因素所阻挡。而中国在 20 世纪 90 年代确立的社会主义市场经济的发展模式，其发展方向不是资本主义，而是符合中国 4000 多年历史规律的必然产物。

第四章 赵德馨关于经济史学科建设的实践

为了推动经济史学科的发展，赵德馨进行了一系列的实践工作，包括编著教材，收集并编写资料集、参考文献索引，开设课程，召开学术会议等。通过长期的努力，赵德馨在中南财经政法大学逐渐构建起了一个完整的经济史学科体系。该体系在内容范围上囊括了中国古代经济史、中国近代经济史与中国现代经济史等；在学科研究的层次上，既有经济史实的成果积累，又有经济史理论的提出，还开展了经济史学科基础理论即经济史学概论的研究。

第一节　构建经济史学科体系的实践

经济史作为一门课程，早在清光绪时期便进入大学课堂。杨祖义通过考察北京大学早期的课程设置发现，"1902 年 11 月，钦定京师大学章程第二章功课部分对分科及课程开设有较详细的记载与说明，当时设政治、文学、格致、农学、工艺、商务、医术七科，文学科中'史学'乃七门之一，商务科中'商业史学'也是必修课之一。预备科课程分年表中规定，第一年必修中外史学、中外史制度异同，第二年必修中外史学、中外史治乱得失，预备科将来进入政治、商务科者，第三年要求学习商业史，预备科将来进入艺科学习农工科者，第三年要求学习工农业史。关于课时与教材也有规定，各国理财史，第 1—3 年每星期 1 小时；关于教材，日本名经济史，可暂时采用，仍应自行编纂；关于内容，研究史学之要义，应包含大量经济史内容"。[①]但是，在这段时期，经济史相关内容的讲授分散在各科的课程安排当中，还没有一门独立的经济史课程。到了 1911 年，京师大学堂修订了大学制及其学科的相关内容。其中，大学法科之科目下设法律学门、政治学门、经济学门、哲学门、文学门、历史学门、地理学门，而经济学门所开设的课程就有财政史、经济史、经济学史等；历史学门中中国史及东洋史学类和西洋史学类等课程中都有经济史；大学商科的科目下设银行学门、保险学门、外国贸易学门、领事学门、税关仓库学门、

---

① 杨祖义 .20 世纪的中国经济史学 [M]. 北京：经济科学出版社，2016：65.

交通学门，而银行学门、外国贸易学门所开设的课程都有经济史。^①在国立北京大学史学系课程指导书（十四至十五年度）中还有下面这段记载："史学系必修课为四十单位，选修课及外国文至少亦须满四十单位"，"本国经济史为三个单位，授课教师为黎世衡"。^②由此可见，1915年已经开始设置独立的经济史课程。

1949年以后，国民经济恢复工作的展开需要大批专业的熟悉国情的财经工作人员。因此，党和政府高度重视中国经济史研究。中国经济史学科的发展迎来了它的春天，进入新的转型时期。1953年，高等教育部院系调整，各综合大学经济学（院）系、各财经学院各系都要求开设经济史课，重点开设中国近代经济史。为了解决师资短缺问题，高等教育部专门委托中国人民大学开办经济史教师研究生班。赵德馨正是在该年进入这个经济史教师研究生班的。

经过3年的学习，赵德馨发现自己还有一个内容没有学到，就是什么是经济史学？经济史学研究什么？这个学科是怎么成长的？它有什么性质与特点？它的功能与任务是什么？这个学科应该用什么方法来进行研究？它对研究经济史的学者有什么要求呢？^③因此，当他在1984年开始带经济史专业研究生时，便决定要开设一门经济史学概论课程，讲授有关经济史学科本身的内容，对以上问题进行解答，同时与学生就这些内容进行探讨。

从1956年开始从事经济史专业的教学工作到1998年退休，赵德馨围绕经济史学科的建设，在中南财经政法大学进行了如下实践：

从1956年开始，以中国近代经济史作为切入点，开设相关课程，并编写教材。如前文所述，在20世纪50年代，无论是历史学界还是经济学界，都将中国近代的下限定在1919年。然而，赵德馨从中国经济发展的实际出发，认为中国近代的下限应该在1949年。因此，他在1956—1957年间，与周秀鸾、彭雨新等学者编著了一本讲到1949年的中国近代经济史本科教材——《中国近代国民经济史讲义》（以下简称《讲义》）。1958年，高等教育出版社在成都举办高校教材展览会，会上共有16本中国近代经济史教材进行展览，而赵德馨等人编写的《中国近代国民经济史讲义》最终被高等教育部选中，作为面向

---

① 北大校史研究室.北京大学史料：第二卷1912—1937[M]//杨祖义.20世纪的中国经济史学.北京：经济科学出版社，2016：65.

② 北京大学档案·全宗号七·目录号1·案卷号77[M]//杨祖义.20世纪的中国经济史学.北京：经济科学出版社，2016：65-67.

③ 赵德馨.在芜湖会议上的发言稿[R].芜湖：安徽师范大学，2015：1-4.

全国高校的推荐使用教材，并于同年出版。

《讲义》出版后，受到了其他地区与国家的关注。例如，在台湾地区，在秦孝仪主编的《中华民国经济发展史》第一章中，注明征引《讲义》的论点与资料共 33 处，占该章所征引总数的三分之一。在美国，该书被美国东西研究中心于 1969 年翻译出版。据著者不完全统计，包括中文原版、日译版、英译版在内，《讲义》一共被 135 家国外研究机构、图书馆、大学院校收藏（见附录 C）。在 1961—1980 年期间，赵德馨先后两次在吸收新的科研成果，加强理论分析，使文字说明更加简明扼要等方面，对《讲义》进行了较大的修改。经过修改后的《讲义》被武汉大学、复旦大学等高校采用。

1958 年，赵德馨认识到中国的经济形态已经随着 1956 年"三大改造"的完成而由新民主主义经济形态进入社会主义经济形态。为了使经济史学科的研究和教学与现实更紧密地衔接，更好地为现实服务，他向中南财经学院经济史教研组建议，开展 1949 年到 1956 年期间的经济史研究工作。从 1958 年开始，他与周秀鸾、张郁兰、谭佩玉等学者通过收集经济资料，阅读经济文献与相关报道，经过两年的时间，在 1960 年完成了《中华人民共和国经济史讲义（1949—1956 年）》，并于同年将他讲授的中国近代经济史课程改为中国近现代经济史，开始讲授中华人民共和国经济史。《中华人民共和国经济史讲义（1949—1956 年）》是中国第一本中华人民共和国经济史教材，他对此进行的教学实践也是国内首次。因此，赵德馨可谓中华人民共和国经济史学科的探路人。

从 1982 年开始，赵德馨认为《讲义》的基本框架和基本论点的某些部分，由于受到 20 世纪 50—70 年代"左"的思潮的影响，已不符合当时时代的要求。同时，他认为，当时的中心任务是实现现代化。因此，他开始着手编写一本更能够为现实服务的中国近代经济史教材——《中国近代国民经济史教程》（以下简称《教程》）。《教程》最终于 1988 年由高等教育出版社出版，并被国家教委列为全国高等学校文科推荐教材。该书出版后，亦引起了学界与社会的广泛关注。《光明日报》《财经科学》《中国社会经济史研究》《博览群书》《社会科学》《中国图书评论》《教材通讯》《广州日报》等报刊先后发表同行专家的评论，认为它是当时最为系统、全面的教材。《教程》亦受到国家教育系统的肯定，它在 1992 年获全国普通高等学校第二届优秀教材一等奖（参评的中国经济史教材中唯一获一等奖的），截至 1996 年，《教程》已重印了四次。

赵德馨在编写《教程》的同时，还开始了中华人民共和国经济史学科的建设工作。1983 年，他组建了一个集合了 40 多名副教授以上学者，跨院系的中华人民共和国经济史课题组，开始集中力量开展中华人民共和国经济史学的研究工作。到他退休时，以他为主持人的课题组，经过 20 多年的努力，先后完成了 110 万字的《新中国经济文献索引 1949—1982》，5 卷本共计 190 万字的《中华人民共和国经济专题大事记》，60 万字的《中华人民共和国经济专题资料长编（1949—1956）》，5 卷本共计 187 万字的《中华人民共和国经济史》，34 万字的《毛泽东的经济思想》等研究成果。与此同时，他积极开展中华人民共和国经济史的教学工作。为此，他为本科生开设了中华人民共和国经济史课程，组织人员编写了《中华人民共和国经济史教学参考资料》，编写了《中华人民共和国经济史纲要（1949—1984）》。赵德馨通过在学术研究与教学实践两方面的努力，形成了一批极具参考价值的研究成果，培养了一批中华人民共和国经济史专业的研究与教学工作者①，为中华人民共和国经济史学科的建设奠定了初步的基础。

1985 年以后，赵德馨在中华人民共和国经济史学科的建设工作走上正轨之后，开始着手中国古代与近代经济史学科建设工作，以求将中国古代经济史、中国近代经济史和中国现代经济史贯通起来。因此，他首先和西南财经大学李运元教授共同主编了 120 万字的《中国古近代经济史论著目录索引》。随后，他于 1990 年主编并出版了中国第一部中国经济史辞典——《中国经济史大辞典》。《中国经济史大辞典》完成之后，他于 1993 年开始为编写一部中国经济通史进行准备工作。到 1996 年，他组织成立了一个有 37 位学者的编写组，到 2003 年，经过 7 年多的努力，编写组完成了一部 10 卷 12 本共计 800 多万字的《中国经济通史》，并由湖南人民出版社出版。在《中国经济通史》出版之后，他开始尝试将中国近代经济史与中国现代经济史合成一门学科，即中国近现代经济史。为此，他编写了教材《中国近现代经济史（1842—1991）》。在该书的导言部分，他着重墨提出，进入 21 世纪后，中国经济史课程的教学必须为适应新的时代需求而进行改革。他提出，将中国近代经济史和中华人民共和国经济史两门课程改为中国近现代经济史一门课程，并以经济现代化作为研究与教学的主线。该书于 2004 年出版，是当时国内第一部讲授 1842—1991 年期间的专著型教材（该书的实际内容描写到了 2000 年），被列为"九五"普通高等教育国家级重点教材与面向 21 世纪课程教材，先后被国内多所院校作为本科

---

① 到 1998 年赵德馨退休时，中南财经政法大学经济史专业中华人民共和国经济史方向的硕士研究生 42 人，占当时全国这个研究方向毕业研究生总数的 90%。

生与研究生教材使用，并被美国国会图书馆、哈佛大学图书馆、日本国立国会图书馆、明治大学图书馆、京都大学经济研究所等国外研究机构与高等院校收藏（见附录 C）。

至此，赵德馨逐渐构建起了一个完整的中国经济史学科。经过赵德馨的长期努力，中南财经政法大学的中国经济史成为湖北省的优势学科。他领导的中南财经政法大学经济史研究团队取得了一系列的成果，成为中国经济史学研究的重镇。从 1991 年到 2017 年，中南财经政法大学经济史研究中心先后有 7 名学者承担 12 项课题，获国家社科基金或国家自然科学基金立项资助，其中 1 项为重大招标项目，1 项为重点招标项目。在《中国经济史研究》发表学术论文 58 篇，总计被引用 678 次，总下载 27533 次，论文主题涉及中国经济体制改革、农业集体化问题、中国近代经济史、中华人民共和国经济史、环境经济史、金融史、经济史学基础理论等多个领域（见附录 D）。

第二节 赵德馨关于中华人民共和国经济史学科创建的实践

赵德馨是最早主张开展中华人民共和国经济史学研究并付诸教学与研究实践的学者，他被学界同行称为中华人民共和国经济史学科的奠基人或创建人。他关于中华人民共和国经济史的研究主线有一个变化的过程。20 世纪 50 年代末 60 年代初，赵德馨以经济形态的演变为主线，从考察新民主主义经济形态的发展过程出发，并且认为 1956 年"三大改造"的完成，是新民主主义经济形态的结束，并开始向社会主义经济形态转变的历史节点。因此，他提出将中国经济史学研究的下限延伸到 1956 年。到了 20 世纪 80 年代末，他开始以经济现代化作为研究中国近现代经济史的主线，并尝试在自己的研究中将中国近代经济史与中国现代经济史作为一个整体来研究。

在经济史学的研究中，赵德馨一贯主张顺应时代的呼声，跟随历史的步伐前进，强调研究者要站在时代发展的高度，发挥经济史学以史为鉴、经世资政的功能。在中华人民共和国经济史学研究领域，赵德馨发表了 23 篇关于中华人民共和国经济史学研究对象、研究方法、相关理论与研究意义等内容的专题论文，出版专著 2 部，主持编写了《新中国经济文献目录索引》《中华人民共和国经济专题大事记》，主编了 1 部多卷本《中华人民共和国经济史》；同时作为副总编负责了《湖北省志·工业志》《湖北省志·经济综述》《湖北省志·经济综合管理》的编纂工作。

1958年，他判断对生产资料私有制的社会主义改造已基本完成，中国开始进入社会主义经济形态的新阶段。新民主主义经济形态已成为历史，已成为经济史学的研究对象。基于此认识，他向中南财经学院（现中南财经政法大学）经济史教研组提议开展中华人民共和国经济史的研究和这门课程的建设。从该年开始，他与另外3名同事分工协作，开始了中华人民共和国经济史学的研究工作。为此，他们编写了中国第一部中华人民共和国经济史的课程讲义——《中华人民共和国经济史讲义（1949—1956年）》[①]，将中国近代经济史课程改为中国近现代经济史，一部分讲1949年之前的经济史，即中国近代经济史，一部分讲从1949年中华人民共国成立到1956年期间的经济史，即中华人民共和国经济史，将课程讲授内容的时间下限延伸到新民主主义经济形态结束的1956年，这在国内是第一次。这是他的经济史研究要跟随历史前进主张的第一次实践。这种研究思路大胆地打破了当代人不讲当代史的传统。这种在研究视野上的突破，为后来研究中华人民共和国经济史起到了先行作用。

1976年"文革"结束后，华国锋在1976年12月10日召开的第二届全国"农业学大寨"会议中强调，经济发展是实现社会主义的先决条件，将经济发展提到了政策的核心位置。中国共产党的工作重心开始向经济建设转移。[②]1978年底，邓小平在12月13日召开的中共中央工作会议中，做了题为《解放思想，实事求是，团结一致向前看》的讲话。随后的中共十一届三中全会，提出把工作重点转移到社会主义现代化建设上来的战略决策，实行改革开放，号召总结1949年以来经济建设的历史经验。1981年，中共十一届六中全会通过了《关于建国以来党的若干历史问题的决议》，标志着中国共产党在指导思想上完成了拨乱反正，为开展中华人民共和国经济史学研究奠定了思想与政治基础。

赵德馨认为，经济史学的研究要跟随历史的步伐前进有两个方面的内涵：第一，研究对象的下限要随着经济历史的发展而延伸；第二，经济史学研究工作者的视角也要随着经济发展的变化而站在新的认识高度。这不仅是经济史学研究对象中的应有之义，也是经济史学社会功能得到充分发挥的前提，还是经济发展对经济史学的要求。开展中华人民共和国经济史学的研究，系统地总结中华人民共和国成立30年来积累的建设社会主义的丰富经验，有利于肯定和发扬其中成功的经验，否定与汲取其中失败的教训，推动当前经济工作；有利

---

① 1960年完成。负责编写的教师除了赵德馨，还有周秀鸾、张郁兰、谭佩玉。

② 科斯，王宁．变革中国 [M]．徐尧，李哲民，译．北京：中信出版社，2013：37．

于探索马克思主义和中国建设实践相结合的历程，从中国社会主义经济建设实践中，抽象出具有中国特色的社会主义经济理论；有利于从中国社会主义经济发展的轨迹中发现它的规律，找到一条具有中国特色的社会主义经济建设的道路。因此，创建一门研究中华人民共和国成立30年来经济史的新学科，是时代的要求。于是，他决定正式开始研究中华人民共和国经济史学①，并从1983年开始，将主要精力投入中华人民共和国经济史学的研究与学科建设工作中。同年10月，在经过充分的准备后，以他为主持人的中南财经学院中华人民共和国经济史课题组正式成立。

1983—1988年间，由赵德馨主持的中华人民共和国经济史课题组围绕中华人民共和国经济史学科的创建，在科研、教学两个方面做了以下工作：

第一，在中华人民共和国经济史学的研究方面，课题组以研究1949—1984年中华人民共和国经济史为主体。首先，为收集资料编写了《新中国经济文献索引（1949—1984年）》，对相关的资料进行充分、全面的收集。既包括历史资料也包括学术著作，既收集国内的资料也收集国外的资料②。其次，为整理资料拟定了《中华人民共和国经济专题资料长编提纲》。然后，对收集的资料进行整理，进行专题研究，撰写了40余篇有关中华人民共和国经济史的专题论文。最后，将各专题研究的成果聚集在一起，按照统一的体例编写《中华人民共和国经济史》1到4卷③和《中华人民共和国经济专题大事记》1到4卷④。

第二，在中华人民共和国经济史学的教学方面，赵德馨做到了以下两点：一是编写教材，开展本科教学。赵德馨组织编写了《中华人民共和国经济史教学参考资料》，为了普及中华人民共和国经济史的学科知识，主编了一本既是

---

① 赵德馨在决定是否要开展中华人民共和国经济史学的研究前，曾与多位同行、亲朋、好友商议，但均遭到了反对。他们反对的主要原因是对"文革"时学术界批判成风的环境心有余悸，研究中华人民共和国经济史学的政治风险很大。1979年，时任中南财经学院院长的洪德铭曾提议赵德馨开展中华人民共和国经济史学的研究，但他并未立即接受任务，而是提出两个条件。洪德铭院长做负责人，他组织教师进行研究工作；将来若受批判，他们一起"挨板子"。这表明，经过"文化大革命"，他还是心有余悸。

② 课题组为了了解国外学者对中华人民共和国经济发展的分析，收集并翻译了他们的论著，例如李思勤的《中国的政治经济学：1949年以来对发展的探索》。

③ 赵德馨.中华人民共和国经济专题大事记（1949—1966）[M].郑州：河南人民出版社，1989.

④ 赵德馨.中华人民共和国经济专题大事记（1967—1984）[M].郑州：河南人民出版社，1989.

学术著作又是课程教材的《中华人民共和国经济史纲要》①，并为本科生开设中华人民共和国经济史课程。二是在课题组研究的基础上，赵德馨于1984年开始招收中华人民共和国经济史方向的硕士研究生，为这门新兴的学科培养科研与教学人才。

在此期间，为了推动中华人民共和国经济史的研究和教学在全国展开，1984年，赵德馨推动成立全国第二个经济史学会——湖北省中国经济史研究会，并担任学会会长一职。1985年10月上旬，他主持召开了湖北省中华人民共和国经济史讨论会，将建设中华人民共和国经济史学科与20世纪50年代国民经济发展中的重大问题作为此次讨论会议题。此次会议共有50多名学者参加，并就以上议题展开讨论。1986年12月，中国经济史学会成立，下设中国古代经济史专业委员会、中国近代经济史专业委员会、中国现代经济史专业委员会、外国经济史专业委员会4个专业委员会，赵德馨任中国现代经济史专业委员会副会长。1987年3月，赵德馨在武汉召开了第一次全国性质的中华人民共和国经济史学术研讨会，共有来自17个省市的34名有关学者参加了会议。他将《中华人民共和国经济史纲要》的书稿提交会议讨论。这次会议之后，一些高校开始开设中华人民共和国经济史课程。因此，这次会议称得上是研究中华人民共和国经济史的一次"启蒙活动"②。

1986年创办了中国经济史学科专业学术期刊《中国经济史研究》，在其创刊之时便收录了中华人民共和国经济史学的专题论文③。为了促进国内中国现代经济史学或中华人民共和国经济史学研究成果的交流，该刊从1989年第3期开始，专门开设了"当代经济史研究"专栏。据杨祖义等学者统计，《中国经济史研究》自创刊时起，至今已刊发中华人民共和国经济史学领域的专题论文270余篇④。从1984年到1997年，赵德馨共招收研究生53位，指导研究生在《中国经济史研究》发表关于中华人民共和国经济史的学术论文13篇，占同期

①　赵德馨.中华人民共和国经济史纲要[M].荆门：湖北人民出版社，1988.

②　苏少之，杨祖义.中华人民共和国经济史学科的开创者[M]//屈演文，苏少之.赵德馨与中国经济史学.北京：经济科学出版社，2011：10.

③　梁秀峰.我国社会主义经济建设道路上的探索和实践[J].中国经济史研究，1986（4）：21.

④　赵德馨，杨祖义.求新之路——《中国经济史研究》31年历程浅析[J].中国经济史研究，2017（6）：176-183.

《中国经济史研究》刊发中华人民共和国经济史专业论文的 29%[①]。

一部多卷本中华人民共和国经济史学著作的出版，在高等院校开设中华人民共和国经济史课程并招收研究生，中华人民共和国经济史学科交流平台的创办，是中华人民共和国经济史这门课程正式诞生的标志。赵德馨为它的诞生做出了突出的贡献。

第三节　创见：开创经济史学概论

随着 4 卷本《中华人民共和国经济史》与《中国经济通史》相继出版，赵德馨在中国古代、近代与现代经济史学领域完成了专题研究的"大满贯"。至此，他的经济史学专题研究，在时限上做到了"贯通古今"，在空间上贯通了全国各个地区，在经济内涵上贯通了各个经济部门，基本回答了"中国的经济是怎么发展来的？"[②] 这一问题。随后，他开始将研究重点转移到回答"经济史学是什么，怎样研究经济史学"。为此，他先后发表论文 29 篇，出版专著3 部。

一、赵德馨对经济史学概论的解释

赵德馨产生"经济史学是什么，怎样研究经济史学"的疑问，是在完成研究生阶段的学习之后。他感觉在接受的经济史专业学习中，缺少有关这门学科的理论知识[③]。1979 年以后，他开始对"经济史学是什么，怎样研究经济史学"这个问题展开系统的研究。1984 年，赵德馨开始带经济史专业硕士研究生，专门开设了经济史学概论课程，把自己关于这个问题的初步认识以课程讲稿与教学大纲的形式提了出来。1992 年，赵德馨对经济史学科的结构、研究对象、历史、分期、功能等问题进行了系统的研究，形成了一份书稿，并被列入 1993 年中国社会科学出版社的出版计划中[④]。但是，在经过几番犹豫之后，赵德馨还

[①]　据统计，从 1984 年到 1997 年，《中国经济史研究》共发表中华人民共和国经济史专业论文 45 篇。

[②]　赵德馨.长期规划，横向联合——我在建设中国经济史学科中的一些做法 [M]// 赵德馨.经济史学概论文稿.北京：经济科学出版社，2009：295.

[③]　赵德馨.经济史学科的发展与理论 [J].中国经济史研究，1996（1）：98-104.

[④]　赵德馨.经济史学科的发展与理论 [J].中国经济史研究，1996（1）：98-104.

是决定不急于出版。据他自己回忆，当时这份书稿所涉及的一些问题，有些内容还没有表达清楚，几个应该涉及的问题还没有包括进去。

在 1990 年出版的《财经大辞典·经济史分编》中，赵德馨给"经济史学科"词条编写释文时，将"经济史学概论"解释为"以经济史学科为研究对象的理论，即经济史学理论"。1996 年，他在《经济史学科的发展与理论》中，又对经济史学概论的内涵进行了解释："经济史学理论（即经济史学概论，著者注）包括经济史学的研究对象、研究方法、社会功能和任务，它的历史，它的分支与分类，指导研究经济史的理论和学派，与它相邻学科的关系等。"[①] 在经济史的学科理论中，赵德馨认为应该存在两种理论：一种以经济史实为研究对象，即在史实研究的基础上抽象出的经济史理论；一种以经济史学科为研究对象，即在此基础上抽象出的经济史学概论或经济史学理论。

1999 年，赵德馨在《经济史学科的分类与研究方法》一文中，对"经济史学概论"又进行了新的解释："从学科研究对象区分，经济史学科分为两大类。一类是以人类经济生活演变过程及其规律为研究对象的经济史学。另一类是以经济史学为研究对象的经济史学概论（或简称经济史论）。"[②] 2009 年，赵德馨在《学科与学派：中国经济史学科的分类——从梁方仲的学术地位说起》一文中，从经济史学科构成的角度出发，将经济史学概论作为经济史学科的两个分支学科之一，将其定义为"以经济史学为研究对象，研究经济史学的对象、功能、理论、方法、历史等，并且回答了经济史学是一门怎样的学科和怎样研究这门学科这两个问题"[③]。

经过 30 多年的不断探索，赵德馨对经济史学概论的内涵进行了充分的研究，先后发表专题论文 29 篇，出版专著 3 部[④]，并承担了 2015 年度国家社科基金重点项目——"中国经济史学的理论与历史研究"的研究工作。同时，他在"中国经济史学的理论与历史研究"项目的研究过程中，还面向经济史学科

---

① 赵德馨.经济史学科的发展与理论 [J]. 中国经济史研究，1996（1）：98-104.

② 赵德馨.经济史学科的分类与研究方法 [J]. 中国经济史研究，1999（1）：122-125.

③ 赵德馨.学科与学派：中国经济史学科的分类——从梁方仲的学术地位说起 [J]. 中国社会经济史研究，2009（3）：1-4.

④ 包括 1987 年出版的《社会科学研究工作程序》（与周秀鸾合著，中国财政经济出版社），2009 年出版的《经济史学概论文稿》（经济科学出版社），2016 年出版的《社会科学研究工作程序与规范》（湖北人民出版社）。其中，2016 年出版的《社会科学研究工作程序与规范》对 1987 年出版的《社会科学研究工作程序》进行了大量的修改，对研究工作的步骤讲得更加具体、细致，可以说是全新的。

的研究生与教师设置了以讲授经济史学概论的内涵为主要内容的系列讲座。目前，该系列讲座已举办 5 次^①。

严中平对经济史学概论的内容有过研究。他在 20 世纪 60 年代写过几篇论述研究方法的文章，并在 1986 年于人民出版社出版了《科学研究方法十讲》一书，对经济史学的研究对象、选题、积累的文献资料、分析方法、理论运用等内容进行了比较详细的说明。

1982 年，陈振汉在北京大学经济系开设了经济史学概论课程，对经济史学的内涵、研究目的、研究方法以及经济史学在西方从兴起到发展的历史过程进行了论述，其课程讲义后收入《步履集》[②]。陈振汉认为，经济史学是以经济史的研究为对象的学问[③]。20 世纪 80 年代中期以后，吴承明发表了一系列专题论文，着重论述了经济史学研究中的方法论问题[④]。进入 20 世纪 90 年代之后，吴承明将自己的研究重点放在经济史学的历史观与方法论上，对经济史学在西方与中国的发展过程、中西历史观、经济学与经济史学的关系、经济史学的流派和分析方法等问题进行了详细的探讨[⑤]。

相比较而言，赵德馨对经济史学概论的研究更为全面与系统。严中平与吴承明的研究成果更多地在于探讨经济史学的研究方法，即回答"怎样研究经济史学"。陈振汉讲述的主要对象是西方经济史学，重点在西方经济史学的兴起与发展，涉及中国经济史学的内容较少。在赵德馨的研究中，经济史学概论属于经济史学的一门分支学科，以经济史学为研究对象，包括研究对象、研究方法、学科发展史、历史分期标准、学科规范与学科功能等内容，也可称它们为经济史学概论的子学科。因此，当赵德馨的《经济史学概论文稿》出版之后，吴承明专门致信，称自己搞了几十年经济史，尚未见经济史学概论，此书乃创建。杨祖义依据赵德馨在经济史学概论领域的研究，对各

---

① 这 5 次讲座的主题分别为《经济史学科的构成》《经济史理论是经济史学的一个分支学科》《经济史学的研究对象》《经济史学的功能（上）》《经济史学的功能（下）》。

② 陈振汉. 步履集 [M]. 北京：北京大学出版社，2005.

③ 陈振汉. 步履集 [M]. 北京：北京大学出版社，2005：352.

④ 主要有《国外研究中国经济史的学派和方法》（《经济学动态》，1985 年第 2 期）、《中国经济史研究方法杂谈》（《轻工业经济研究》，1987 第 7 期）、《中国经济史研究的方法论问题》（《中国经济史研究》，1992 年第 1 期）、《论历史主义》（《中国经济史研究》，1993 年第 2 期）、《经济学理论与经济史研究》（《中国经济史研究》，1995 年第 1 期）、《经济史：历史观与方法论》（《中国经济史研究》，2001 年第 3 期）等。

⑤ 吴承明. 经济史：历史观与方法论 [J]. 中国经济史研究，2001（3）：3-22.

子学科在经济史学概论体系中的层次做了进一步的分析。他认为，经济史学概论的最高层次应该是经济史哲学层次，其次是方法论层次，再次是经济史学史，最后是经济史的学科性质、社会功能、研究对象、历史分期、研究者素质等内容①。

2015 年，赵德馨承担了当年度国家社科基金重点项目——中国经济史学的理论与历史研究。他希望以完成此课题为契机，将自己在经济史学概论方面已经形成的比较成熟的观点系统地整理出来，为解决当前国内经济史学的研究因基础理论不足而产生的发展瓶颈，提供一点思路与方法。

二、经济史学概论的内涵

关于经济史学概论的内涵，赵德馨已经形成了比较成熟的解释。经济史学概论作为经济史学科的一门分支学科，主要包括两个方面的内容：一是解释"什么是经济史学"，涉及的研究内容有经济史学科的分类与结构、研究对象、功能、历史与发展路径等。二是解释"怎样研究经济史学"，包括经济史学研究的理论及运用、工作程序与规范、经济史的分期标准等。关于赵德馨对经济史学科的分类与结构问题的研究，已包含在第一章中，故在本节不再赘述。

（一）经济史学的研究对象

关于经济史学研究对象的问题，中国经济史学界一直未能形成比较统一的观点。总体而言，学界对这一问题的讨论，主要涉及两个方面：第一，从横向上看，经济史学研究的面究竟有多宽。第二，从纵向上看，经济史学研究的时限有多长。其中，学界关于第二个问题的讨论，主要集中于经济史学研究的时间下限上。

学界关于经济史学研究对象的面有多宽这一问题主要有两次讨论。

第一次在 20 世纪 50 年代，讨论的焦点在国民经济史是否应该研究生产关系。孙健认为，国民经济史是一门社会科学，它所考察的是一个国家的社会经济现象，即经济关系。经济关系也就是生产关系，国民经济史研究的对象，就是一个国家的生产关系。同时，他提出，生产力被列入国民经济史的研究对象中，是不妥当的。② 对于孙健的观点，李运元与邹敬勋提出了不同的看法。李运元认为，国民经济史要揭示的是某一个国家社会经济发展的具体过程和特点，是生产力和生产关系的矛盾和统一的发展过程。在国民经济这一总体中，

---

① 杨祖义 .20 世纪的中国经济史学 [M].北京：经济科学出版社，2016：4-5.

② 孙健 .国民经济史的对象、方法和任务 [J].经济研究，1957（2）：11.

生产占据主导地位。它的形式和性质，决定流通、分配、消费的形式和性质。生产包括生产力和生产关系两个方面。因此，本学科的研究对象，既包括生产关系，也包括生产力，但主要是生产关系。或者说，以生产关系为主，生产力为辅。①邹敬勋认为，经济史的研究对象是通过一个国家的生产力和生产关系之间、经济基础和上层建筑之间的相互作用的具体发展过程的研究，探索这个国家各种生产方式和经济发展阶段的特点及规律。②

　　进入 20 世纪 80 年代后，学界关于经济史学研究对象的认识不再拘泥于到底是研究生产力还是研究生产关系，或既研究生产力又研究生产关系，并提出了一些新的观点。傅筑夫认为，经济史学的研究对象是各个时期的社会经济运行的规律。③魏永理认为，经济史学的研究对象，既不是生产关系，又不是生产力，还不是生产方式，而是社会经济构成或全部社会经济的总和，包括生产力结构和生产关系结构，包括各部门、各产业、各地区之间的相互关系和国民经济的各种比例，诸如各种产业结构、经济技术结构、所有制结构、商品生产和商品交换的产品结构和进出口产品结构、赋税结构、金融政策结构、阶级结构。④吴承明认为，经济史学就是要研究生产关系和各个时期生产力的发展水平。⑤赵德馨认为，在横向上，就经济史学科中的各个分支而言，其对象，有的是生产力，有的是生产关系，有的是生产力与生产关系及其关系。若就整个学科而言，则只能表述为"经济"，即物质资料的生产以及相应的交换、分配、消费。这包括社会生产力及社会生产关系。……经济史学科的研究对象，在横向上，宽到经济全部领域。⑥

　　对于经济史学研究对象的时间下限问题，学界的分歧较大。20 世纪 80 年代，逐渐形成了三种代表性的观点：其一，中国经济史学研究的对象在时限上主要是指远古时代至 1949 年中华人民共和国成立之前经济发展演变的历史。⑦

---

① 李运元.试论国民经济的研究对象兼评孙健同志对这个问题的看法 [J].经济研究，1957（6）：14.

② 邹敬勋.国民经济史的对象、任务和方法 [J].东北人民大学学报，1957（4）：22-28.

③ 傅筑夫.进一步加强经济史研究 [J].天津社会科学，1982（6）：39-44.

④ 魏永理.中国近代经济史纲 [M].甘肃：甘肃人民出版社，1983：34.

⑤ 吴承明.关于研究中国近代经济史的意见 [J].晋阳学刊，1982（1）：58-61.

⑥ 赵德馨.重提经济史学科研究对象的问题 [J].中国社会经济史研究，1992（3）：6.

⑦ 吴承明.中国经济史，中国大百科全书·经济学 III[M].北京：中国大百科全书出版社，1988：1341.

其二，直至当时为止的经济事实都可以成为经济史学的研究对象。① 其三，就经济史学科中的各个分支而言，其对象有的是古代，有的是近代，有的是现代，有的是从远古到最近的一个发展阶段的终止之日。若就整个学科而言，只能表述为"史"，即已成为学科研究对象的过程，而非绝对时间意义上的昨天。要严格区分客观存在的经济历史与作为经济史学科研究对象的区别，区分经济历史与经济史学科研究对象的界标是经济事件是否已告一个段落，而不是绝对时间，不是研究对象与开始研究它的时间一定要隔多少年。②

进入 20 世纪 90 年代，赵德馨对经济史学研究对象的时限长度做了更为详细的说明。他认为，经济史学的研究要跟随经济发展的历史步伐前进，经济史学的研究对象又必须是有首有尾的事物。这着重强调了经济史学所要研究的历史时期必须是一个已经完结的或呈现出明显阶段性特征的过程。③ 因此，他认为，经济史学的研究在跟随历史的步伐前进的同时，还要"慢半拍"，既给历史本身留下沉淀的时间，又给研究者留下观察与思考的时间。该文发表之后，中国社会科学院经济研究所董志凯研究员称该文的观点为"沉淀论"，南开大学经济系郭士浩教授称之为"跟随论"。赵德馨综合两者的看法，称自己的观点是"跟随论"与"沉淀论"的统一。

赵德馨提出"跟随论"与"沉淀论"相统一观点的出发点，在于充分发挥经济史学的社会功能：总结经济工作经验并从中抽象出经济理论④。他在 20 世纪 90 年代中期提出的这个观点，具有鲜明的时代特色。在邓小平"走一步，看一步，回过头来总结一步"⑤的方针指导下，中国的经济体制改革进展顺利。因此，经济史学的研究也应该"走一步，看一步，回过头来总结一步"，随着历史的前进，不断延伸研究对象下限，不断总结历史经验并进行理论抽象，充分发挥指导经济工作的功能。这体现了赵德馨的经济史学研究要站在"时代的高度"的治学观念。同时，赵德馨认识到经济史学的研究如果一味地跟随历史的步伐前进，将直到当下为止的经济活动都囊括在经济史学的研究范围，则模糊了历史与现实的界限。对于研究者而言，则无法有充足的时间去观察一项经济政策或某个经济现象所产生的诸多后续的影响，而这个经济政策或经济现象

① 熊彼特.经济分析史：第 1 卷 [M].朱泱，李宏，译.北京：商务印书馆，1996：28-29.
② 赵德馨.重提经济史学科研究对象的问题 [J].中国社会经济史研究，1992（3）：6.
③ 赵德馨.跟随历史前进——再论经济史学的研究对象 [J].中南财经大学学报，1995（6）：1-9.
④ 赵德馨.跟随历史前进——再论经济史学的研究对象 [J].中南财经大学学报，1995（6）：1-9.
⑤ 薄一波.若干重大决定与事件的回顾（下）[M].北京：中共中央党校出版社，1993：649.

本身也因为缺少了"发酵"的时间，而无法充分地显现出它的特征，进而难以对其运行的规律进行分析，最终无法抽象出科学的经济史理论或经济学理论。因此，赵德馨在提出"跟随论"之后，又提出"沉淀论"，认为"跟随论"与"沉淀论"是一个有机结合的整体，这样既使经济史学的研究充分发挥其现实功能，又使其研究成果体现出科学的严谨性。

赵德馨提出的"跟随论"与"沉淀论"相统一的观点，对于经济史学科的发展而言有着重要的理论意义。其一，它使经济史学的研究具有无限的可能性。随着历史的步伐前进，经济史学的研究对象一方面在纵向上处于动态的演进过程；另一方面在横向上，凡是在某个历史时期出现的新的经济事件、活动或政策，都能被纳入经济史学的研究范围。因此，"跟随论"又有以下两个层次的含义：纵向上随着历史的步伐前进，横向上随着经济领域的扩大而拓展。其二，如果单纯地追求研究要紧跟历史的步伐，那么经济史学研究的历史性就有可能被削弱。例如，当前逐渐兴起的互联网经济、移动支付手段、虚拟货币、共享经济等新兴经济活动，它们中间的大多数仍处于萌发、新兴的状态，尚未形成完整的阶段性历史特征，如果经济史学研究工作者直接将它们作为研究对象，则可能"不识庐山真面目"，无法得出科学的解释。

（二）经济史学的发展与学科性质

现代意义的经济史学产生于西方，在经济学发展成一门独立的学科之后，随着新古典经济学派与历史学派的争论的发展，从历史经济学演变而来。[①]20世纪初期，经济史学只是历史经济学四个组成部分中的一部分，是历史经济学的一门子学科。到20世纪40年代，不仅新古典经济学家们认为经济史只是过去时代的经济学为经济学研究提供历史资料，而且经济史学家也默认了这一点。[②]当时的美国经济史学研究"既不是好的经济学，也不是好的经济史学，只不过是美国制度主义者的微弱的回声"[③]，英国经济史学的研究也仅仅在研究工业革命和它与成人教育的社会改良传统的联系。[④]在西方，经济史学的研究

---

① 关永强，张东刚.英国经济学的演变与经济史学的形成（1870—1940）[J].中国社会科学，2014（4）：45-65.

② HICKS J R，HART A G. *The Social Framework of the American Economy*：*An Introduction to Economics*[M]. New York：Oxford University Press，1945：10-11.

③ MCCLOSKEY D N. Does the past have useful economomics?[J]. *Journal of Econnomic Literature*，1976，14（2）：434-461.

④ BARKER T C. What is economic history?[J]. *History Today*，1985：6-38.

逐渐淡化了历史经济学派面向现实的研究风格，更多地将研究对象限定在历史学的研究领域。

二战以后，美国成为经济史学的研究中心。由于凯恩斯主义开始成为经济学的主流，所以经济学与经济史学家主要致力于研究经济波动的历史与历史上的国民收入的考察。20世纪50年代，数学化的浪潮席卷了整个美国经济学界，形成了所谓的经济学"形式主义革命"。20世纪60年代，经济史学的研究进入"新经济史学"或"计量经济史学"阶段，其标志为1958年康拉德和迈耶发表的《南北战争前南部奴隶制经济学》[①]。从那时起，以福格尔、诺斯、戴维斯、休斯、费希洛等为代表的美国经济史学家在研究方法上转向使用经济模型和假设检验，经济史学也成了一门"问题推动"的学科。到20世纪80年代，专业经济史杂志上发表的80%的论文可以归结为计量史学论文，到20世纪末，美国的《经济史杂志》、英国的《经济史评论》等国际主要经济史期刊已经很少刊登非计量经济史的文章了。[②]

赵德馨等学者认为，20世纪以前的经济史学，虽然在学科分类上被列入经济学的范畴，但它是按照历史学研究范式对经济发展过程进行的历史描述，是历史学家的经济史；自20世纪80年代以后产生的新经济史学，则是运用经济学理论和计量方法分析经济历史事实，是经济学家的经济史，并得到了经济学家的认可而被归入了经济学的范畴。同时，他们在研究经济史学科在国外的发展历史时发现，早在1895年，英国历史经济学家休因斯就开始设置以历史为导向，以经济史和应用经济学为中心的独立的经济历史专业。后来经过100多年的发展，伦敦政治经济学院建立起了"从本科到硕士再到博士的完整的经济史学学科体系和教育体系"。[③]

现代意义的中国经济史学是"西学东渐"的产物。以梁启超于1904年完成《中国国债史》为标志，[④]中国经济史学科的发展大致经历了三个历史时期。

---

① 李伯重，刘泽生.反思"新经济史"：回顾，分析与展望[J].澳门理工学报：人文社会科学版，2017，1.

② 关永强.从历史主义到计量方法：美国经济史学的形成与转变（1870—1960）[J].世界历史，2014（4）：10.

③ 易棉阳，赵德馨.经济史学的发展障碍及其解除路径[J].中国经济史研究，2017（4）：184-192.

④ 李伯重，刘泽生.反思"新经济史"：回顾，分析与展望[J].澳门理工学报：人文社会科学版，2017（1）：5-24.

从 20 世纪初至 1949 年，是现代意义的中国经济史学科的形成时期；从 20 世纪 50 年代至 80 年代中期，是以马克思主义经济史学为主导地位的时期；从 20 世纪 80 年代中期至今，是学科多元化发展的时期。[①]

纵观经济史学数百年的发展历程，它产生于经济学中的历史经济学派，历史学范式与经济学范式先后成为它的主流范式。因此，经济史学兼具历史学的基因与经济学的基因。由此引起了学界判断经济史学科性质的分歧。国内经济史学界的主流观点如下：经济史学是经济学与历史学的交叉学科或边缘学科。对此，吴承明提出了不同的看法："我们说经济史是一门交叉学科，其实没有这个学科。搞经济史的不是学历史出身，就是学经济出身，这就很自然地形成两个学派：学历史出身的注重史料考证，学经济出身的重视理论分析。"[②] 但是，经济史首先是"史"，是历史学的一个分支[③]，是研究过去的、我们还不认识或认识不清楚的经济实践[④]。高德步认为经济史学是经济学的一部分。[⑤] 隋福民对于经济史学中"史"与"经济"的关系同样给出了自己的看法：把经济史研究的主旨定位在描述和解释经济发展的历史，这种定位抓住了经济史本质上是"史"的实质，凸显了经济史的本体论含义，但从方法论的角度，经济史是一门经济分析方法。[⑥]

为了给经济史学的学科性质做清晰的定义，赵德馨发表了数篇论文进行说明。他在《经济史学科的分类与研究方法》一文中指出："从经济史学的产生与学科属性看，有经济学科的经济史与历史学科的经济史，就此而言，称经济史学为'跨学科的学科'更为贴切。"[⑦] 关于经济史学与经济学的关系，赵德馨在《分析理论与理论抽象》一文中指出：在经济理论的抽象方面，经济史学是理论经济学的基础学科。[⑧] 但是从经济史理论的产生路径看，赵德馨认为，经济史学科是一门独立的学科，有其独立的学科理论。这种理论可以从历史学理论中吸取有益的营养，但它与历史学理论不同。它可以从经济学理论中吸取有益

① 杨祖义.中国经济史学术语变迁之历史趋势 [J].中国社会经济史研究，2013（2）：97-102.
② 吴承明.谈谈经济史研究方法问题 [J].中国经济史研究，2005（1）：3-5.
③ 吴承明.经济史：历史观与方法论 [M].北京：商务印书馆，2014：369.
④ 吴承明.经济学理论与经济史研究 [J].经济研究，1995（4）：3-9.
⑤ 高德步.论经济史学的对象、任务与方法 [J].南开经济研究，2000（6）：6.
⑥ 隋福民.经济史：一门经济分析的方法 [J].中国经济史研究，2009（2）：7.
⑦ 赵德馨.经济史学科的分类与研究方法 [J].中国经济史研究，1999（1）：122-125.
⑧ 赵德馨.分析理论与理论抽象 [J].经济科学出版社，2009：382.

的养料，但它与经济学理论不同。它不仅不同于历史学理论和经济学理论，也不是这两种理论的简单相加或混合。[1]从经济史学研究中存在的思维方式的类别看，存在着三种思维方式：历史学的思维方式——历史学中的经济史，经济学的思维方式——经济学的经济史，经济史学的思维方式——独立形态的经济史。[2]另外，赵德馨通过回溯经济史学科的发展历程发现，马歇尔等经济学家曾试图将经济史学边缘化；福格尔等经济史学家也曾尝试将经济史学消融到经济学之中，但他们都没有如愿以偿。[3]可见，经济史学是一门完整的独立学科，它不是历史学或经济学的分支学科，也不是历史学与经济学的交叉学科或边缘学科。

经济史学之所以是一门完整的独立学科，赵德馨认为主要有以下七个原因：第一，有独立的研究对象与研究方法。第二，有自己的思维方式。第三，有自己独立的理论。第四，高等院校的课程安排中有独立的经济史课程。第五，有独立的科研人员队伍，以及培养这些人员的完整的培养体系。第六，有自己的学会——经济史学会。第七，有自己的交流平台或专业期刊——《中国经济史研究》《中国社会经济史研究》。赵德馨为了推动独立的经济史学科在中国高校学科体系中的建设，在2017年与易棉阳共同发表了《经济史学的发展障碍及其解除路径》一文，文中建议，在下一轮学科调整中，把经济史从目前的二级学科提升为一级学科，形成理论经济学、应用经济学、经济史学三个一级学科并列的经济学学科格局。本科、硕士、博士三个阶段均设置经济史学专业，授予经济学或历史学学位。[4]

（三）经济史学的研究方法：学有定规、史无定法

对经济史学研究对象的界定、对经济史学发展的研究以及对经济史学性质的探讨，是赵德馨对"什么是经济史学"进行的一系列解答。在回答"什么是经济史学"的同时，他还在思索"怎样研究经济史学"的问题。

据赵德馨回忆，傅筑夫教授在给他们研究生上第一堂课时，讲了一个故

① 赵德馨.经济史学科的发展与理论[J].中国经济史研究，1996（1）：98-104.

② 赵德馨.经济史学思维方式的特征与养成[M]//赵德馨.经济史学概论文稿.北京：经济科学出版社，2009：523-525.

③ 易棉阳，赵德馨.经济史学的发展障碍及其解除路径[J].中国经济史研究，2017（4）：184-192.

④ 易棉阳，赵德馨.经济史学的发展障碍及其解除路径[J].中国经济史研究，2017（4）：184-192.

事：有一个仙人，手指能点石成金，每天都有很多人抱着大大的石块来请他点化成金。有一个人没有抱石头。仙人问他为什么不带石头来。他说："我要的不是一块金子，而是你的那个手指头。"傅筑夫的意思是听课不只是要学他讲的现成知识，更要体会他生成知识的方法。赵德馨对此深有感触，从此很注意研究方法的训练。他通过学习别人的经验，总结自己的教训，日积月累，逐渐形成了一套自己的研究办法。1981 年，赵德馨开始向研究生讲授社会科学研究工作程序，传授自己的体会。其听课笔记被整理成 7 万字的小册子《社会科学研究工作程序》，先在校内印行，后公开出版。2016 年，赵德馨对《社会科学研究工作程序》进行了大量的修改，对研究工作的步骤进行了更为具体、细致的论述，在此基础上编著了《社会科学研究工作程序与规范》一书。

对于"怎样研究经济史学"，吴承明认为，经济史学的研究不仅仅是对经济史料的考证，还要应用理论去分析历史，在经济史的研究中，一切经济学理论应视为方法论[①]，即"史无定法"。同时，他强调，经济学理论被应用于经济史学的研究中，要注意理论假设是否符合历史实际。没有一个古今中外都通用的经济学[②]，因此，"史无定法"的前提是"根据时空条件、所研究问题的性质和史料的真实性，选用适当的经济学理论作为分析方法"[③]。例如，经济学新古典经济学派的"经济人假设"，吴承明认为都不适用于研究迄今为止的中国经济史。因此，吴承明对于经济史学研究方法的认识，可以总结为历史学是经济史学研究的基本方法，在研究经济史时要"史无定法"，一切经济学理论与方法都可以被应用于经济史学的研究，但在具体理论的应用上，要特别注意理论的假设前提与历史实际的适用性。

赵德馨认为，经济史在本质上是一门经济学科，它的研究方法必须是经济学的方法。但经济史研究经济的具体发展过程，即按照历史发展的顺序，从长期动态中去研究以往的经济运动的轨迹，这决定了它又具有历史科学的特性，它的研究方法必须具有历史学方法的特点。所以，对经济史的研究方法是将经济学方法与历史学方法融为一体。[④]从这个解释出发，赵德馨赞成吴承明主张的"史无定法"。赵德馨又特别指出，在研究方法的具体运用中，要"史有定

① 吴承明.经济史：历史观与方法论[J].中国经济史研究，2001（3）：20.
② 吴承明.经济史：历史观与方法论[M].北京：商务印书馆，2014：370.
③ 吴承明.经济史：历史观与方法论[M].北京：商务印书馆，2014：370.
④ 赵德馨.融经济学方法与历史学方法为一体[M]//赵德馨.经济史学概论文稿.北京：经济科学出版社，2009：350.

法",即历史学和经济学研究方法的融合要根据具体的研究对象和问题采用有差别的结合方式。经济史学的研究方法若是对以揭示经济生活演变过程为主要任务的经济史而言,必须采用经济的历史学方法;若是对以揭示经济生活演变的规律而言,必须采用历史的经济学方法。如果就经济史学研究的根本目的不在于重现经济生活演变过程,而是通过分析这个过程以揭示经济生活演变的规律,而揭示经济规律必须用经济学方法这个角度而言,在经济学方法与历史学方法结合的模式中,经济学方法是其主要的一面。①

在具体的经济史学研究方法方面,赵德馨主张"学有定规与史无定法"相统一。其中,"学有定规"是指从事社会科学研究所要遵循的一般规则、规范与步骤,其目的是指导经济史学研究工作的进行,使研究工作者在研究的过程中不在方法上走弯路。赵德馨认为,科研工作只有循规治学,遵循规范,立足于对学术进步的总体关怀,才能得其门而入,才能保障知识的有效创新与积累,才能达到"疑难能自决,是非能自辨,斗争能自奋,高精能自探"的境地。可见,学有定规者,事半而功倍。"史无定法"则是指在研究过程中可以用现有方法来解决研究的问题,也可以集成、融合现有的方法,不断地深入研究。当研究工作者本人具备较高的学术素养时,也可以提出新思维,创造新方法。总之,不执着于、不局限于一种方法。②

具体而言,赵德馨认为经济史学研究的"定规"按照研究步骤的先后应该包括以下七个方面的内容:

第一,选题。不仅是经济史学,任何一门学科研究都是以选题开始。选题对于研究工作者而言,是一段时间甚至是终身的研究方向与任务,体现了研究者的"问题意识"。唯有严格遵循选题的规范,才能使研究工作从一开始便走上正确的轨道。选题应该遵循三个原则。其一,有价值,包括学术价值与社会价值。其二,有可能,既要满足开展研究的客观条件,研究者自身的主观条件,又能符合具体研究的要求。其三,有兴趣。兴趣比研究者本身的先天条件更为重要。简而言之,选题的基本原则是研究者在全面地分析主客观条件之后,应该选择那些客观上需求迫切、条件基本具备、自己有能力而且又有兴趣的课题③。同时,研究者要注意选题中的忌讳,不要跟风,不要重复,也不要进

① 赵德馨.经济史学科的分类与研究方法 [J].中国经济史研究,1999(1):122-125.

② 史蕾.学有定规与史无定法——访问赵德馨先生 [J].中国社会经济史研究,2014(1):96-100.

③ 赵德馨.社会科学研究工作程序与规范 [M].武汉:湖北人民出版社,2016:24.

入禁区。

第二，研究已有的成果。"已有成果"是指在开始所选题目的研究时，已经形成的研究成果是这个研究领域里的"知识存量"。研究已有的成果的目的，是充分了解该选题的研究现状，完备自身在该领域的知识储备，进而"站在巨人的肩膀上"超越它们。研究已有成果的基本要求是"博收精选"。围绕选题所确定的主题，在视野上要放眼古今中外而博收。在研究已有的成果时，又要以阅读"精品"为主。所谓"精品"，即"论据精确，方法精到，论证精密，论点精深，文字精妙"①。对于精品要精读，对精品中的经典要精研。同时，在对待精品时，既要心怀敬畏，又要审慎。研究已有成果的具体表现形式是撰写研究综述或述评。

第三，学习理论。吴承明认为，经济史学的研究不仅仅是对经济史料的考证，还要应用理论去分析历史。②赵德馨认为，对于研究者而言，在确定课题之后，就要围绕课题的内涵系统地学习有关的理论知识。③关于如何学习理论，赵德馨认为，首先要阅读原著；其次要结合论著写作的具体历史背景；再次要区分科学体系和个别理论观点；最后在阅读理论著作时要细心分辨其中的正确与错误，不要直接在相关著作中寻找直接答案，而是领悟理论的精神实质。赵德馨强调，任何一种理论都是一种解释现象的逻辑体系，是一种方法，都有它的不足之处，也都有它适应的时间、空间和具体条件。因此，研究者不能将理论教条化，不能从既定的理论观点出发，让自己的研究服从先人的观点。④

第四，搜集资料。研究已有的成果与学习理论是研究者为开展课题研究所做的准备工作。在此之后，便进入了解研究对象的阶段。研究者的问题意识和为此所搜集的资料是社会科学研究的出发点，是"立论的基石"。获得资料的难易对于一门学科而言尤为重要。梁启超曾说道："治科学者——无论其为自然科学，为社会科学，罔不恃客观所能得之资料以为其研究对象。而其资料愈简单固定者，则其科学之成立愈易，愈反是则愈难。"对于历史学、经济史学而言，史料是它们的细胞。而搜集资料与选择资料，"实最劳而最难"⑤。对于经济

---

① 赵德馨. 社会科学研究工作程序与规范 [M]. 武汉：湖北人民出版社，2016：74.

② 吴承明. 经济史：历史观与方法论 [J]. 中国经济史研究，2001（3）：20.

③ 赵德馨. 社会科学研究工作程序与规范 [M]. 武汉：湖北人民出版社，2016：114.

④ 赵德馨. 社会科学研究工作程序与规范 [M]. 武汉：湖北人民出版社，2016：149.

⑤ 梁启超. 中国历史研究法，中国历史研究法补编 [M]. 北京：民主与建设出版社，2015：32–33.

史学等社会科学而言，资料存在的形态大致有实物、文献和口述三种。搜集资料的途径主要有两种：一是从收集的文献中获得文献资料，二是从实地调查中获得实物资料与口述资料。①

第五，整理资料。搜集资料的实质是为研究工作所进行的信息或数据储备。搜集的资料越多，所包含的信息量则越大，越有利于认识研究对象的本质。搜集资料之后是整理资料，是对信息或数据的处理，目的是充分发挥信息的作用。赵德馨将整理资料工作分为三个步骤：第一步是对资料进行去伪、去粗，去伪以留真，去粗以取精。第二步是对资料进行修整并分类。第三步是按时序编写大事记，将研究对象发展的过程清楚地表现出来。赵德馨认为，编写大事记只是从零散资料过渡到历史逻辑过程中的一种工具，但它无法体现研究对象的内在逻辑关系。②如果研究者要完成的论著是以理论逻辑为体系，那么在编写大事记之后往往还要编辑资料长编，按资料内容的性质分类归堆，使资料各从其类，并分类编次。它是从历史逻辑过渡到理论逻辑过程的一种工具。③

第六，分析与综合。资料整理工作结束之后，便要开始具体的研究，并得出研究结论。赵德馨将分析与综合工作概括为：运用已学习到手的理论和其他各方面的知识和方法论，去解剖和认识已经掌握的反映研究对象客观情况的资料，从中得出理论性的结论。④一般来说，分析与综合工作可分为三个步骤：首先，在整理资料的基础上，对资料进一步去伪存真，目的在于弄清资料能否反映研究对象的真实情况。其次，由此及彼，找出资料和现象间的联系。最后，由表及里，获得对研究对象的发展规律和本质的认识，从现象进入本质，获得科学知识。

第七，成果的表述与使用，即撰写论著。赵德馨认为，"学术论文中的'学'，指的是学理，'术'指业务知识与专能。学术论文要求站在学理的高度，从大量零碎的事物表象中提炼出真理"。⑤学术论文的写作要讲求科学，即概念使用要准确，逻辑的推论和现象要一致，引证与注释要合乎规范，争取做到科学性与生动性的统一。

上述七个方面或步骤是社会科学研究工作的程序及其规范。对于研究者

① 赵德馨.社会科学研究工作程序与规范[M].武汉：湖北人民出版社，2016：161.
② 赵德馨.社会科学研究工作程序与规范[M].武汉：湖北人民出版社，2016：218.
③ 赵德馨.社会科学研究工作程序与规范[M].武汉：湖北人民出版社，2016：219.
④ 赵德馨.社会科学研究工作程序与规范[M].武汉：湖北人民出版社，2016：231.
⑤ 赵德馨.社会科学研究工作程序与规范[M].武汉：湖北人民出版社，2016：290.

而言，能否遵守这些程序和规范，关键在于研究者自身的素养。梁启超将才、学、德、识称为"史学四长"，并且在此之外，加上一个"史胆"，并从史学领域发散到整个科学研究范围，认为研究者必须具备学、识、才、胆、德五个基本要素。"学"即研究者所掌握的系统知识，即文化知识。"识"指研究者的认知能力，包括记忆力、理解力、观察能力、分析能力、综合能力、学术敏感性等。"才"是指将"学""识"活化并予以运用的能力。"胆"指学习要大胆，要敢于提出新问题，敢于进入新领域，同时还要敢于承认自己原先观点中的错误。"德"是指学术道德，其主要包括以下两个方面：一要遵守基本的学术规则和职业道德，二要树立崇高的学术使命。①

至此，赵德馨详细地回答了"如何研究经济史学"的问题，同时对经济史学研究者提出了素养的要求。这对于经济史学科的发展而言，既为研究人员科学地开展研究工作提供了"说明书"式的指南，又规范了研究工作的步骤与研究成果的表述。另外，赵德馨还强调，经济史学的研究首先要学有定规，按照科学的方法开展研究、积累学识、提升素养。当研究能力到达一定层次，掌握了经济史学研究的"法规"后，就要突破"法""规"，进入"法无定法"的阶段②，力求在研究视野、研究方法等方面进行创新，最终得出新的理论成果。因此，"创新"是经济史学研究的真谛。

（四）经济史学的任务与功能

每一门学科都有它的学科任务，经济史学也不例外。麦克洛斯基认为，经济史学科本身的实际价值在于五个方面：第一，更多的经济事实；第二，更好的经济事实；第三，更好的经济理论；第四，更好的经济政策；第五，更好的经济学家。③在国内不同的历史阶段，学界对经济史学的研究任务有不同的理解。20世纪50年代，经济史学科的研究任务更多的是服务于政治。例如，孙健在《国民经济史的对象、方法和任务》中提出，马克思列宁主义的国民经济史担负着揭明一切经济规律的任务，这成为无产阶级政党进行革命斗争和社会主义建设的重要理论武器和科学依据④。改革开放以后，学界关于经济史学的任务和功能的认识更多地回到学科本身。因为对于经济史学的学科属性的认识有

① 赵德馨. 社会科学研究工作程序与规范 [M]. 武汉：湖北人民出版社，2016：365-371.

② 赵德馨. 社会科学研究工作程序与规范 [M]. 武汉：湖北人民出版社，2016：239.

③ MCCLOSKEY D N. Does the past have useful economomics?[J]. *Journal of Econnomic Literature*, 1976, 14（2）：434-461.

④ 孙健. 国民经济史的对象、方法和任务 [J]. 经济研究，1957（2）：11.

所不同，对于学科的功能也存在着不同的看法。例如，吴承明主张，经济史学是研究过去的、我们还不认识或认识不清楚的经济实践的科学。这既是在解释"经济史学是什么"的问题，也是对经济史学科功能的概括。另外，高德步在《试论经济史学的对象、任务和方法》中提出，经济史学作为经济学的组成部分，它的任务并不是简单地描述历史上人类的经济活动，而是从经济史中发现规律，并根据这些规律预测未来，指导人类的行为[①]。

1985 年，赵德馨第一次对经济史学的功能做了系统论述。他指出，经济史学科的任务是通过对世界和具体国家、地区、部门、行业、企业生产力和生产关系发展过程的研究，阐述该国、该地区、该部门、该行业、该企业经济发展的规律与特点，为认识它们的来龙去脉，为改造它们，为社会科学，首先是经济学和历史学的研究，提供坚实的依据和基础。[②]

进入 21 世纪，赵德馨在经过 30 多年的深入思考与研究后认为，经济史学科主要有以下七个方面的功能：第一，复原与陈述的功能；第二，发现路径与预测的功能；第三，总结经验与借鉴的功能；第四，抽象理论与丰富理论的功能；第五，资政的功能；第六，提供多学科间学术交流平台的功能；第七，教化与思维方式的功能。

第一，复原与陈述的功能，即复原历史上的经济事实，回答一个国家、一个民族、一个地区、一个企业是如何运行与演变的问题。它是经济史学的首要功能。复原与陈述功能的基本要求是"求真"，编写能够真实反映经济史实的信史。

第二，发现路径与预测的功能。任何事物都有自己形成的历史过程，都有自身的演变路径，进而形成自己的特征。对于一个国家的经济发展过程而言，其形成的历史演变路径是国情的基本方面，因此，发现路径的意义首先是国情的历史方面，而路径依赖会决定一个国家的发展道路。

第三，总结经验与借鉴的功能，即总结历史上的经济实践，进而指导当前的经济实践。吴承明认为，经济史学研究的目的无非在于研究过去的经验，让其为今所用。总结与借鉴经验在中国历史上体现为"经世致用"的学术思想。

第四，理论功能。经济史学的理论功能体现在两个方面。其一，经济史学科能够用经济史理论和经济史实两种方式来回应社会经济发展的需要和经济学发展的需要。其二，经济史学概论能够满足经济史学科的发展要求。其中，经

① 高德步.论经济史学的对象、任务与方法 [J].南开经济研究，2000（6）：6.

② 赵德馨.中国经济史辞典 [M].武汉：湖北辞书出版社，1990：2.

济史的理论功能对于经济学而言又有四个方面的内容：首先，经济史是理论经济学的基础；其次，经济史实是经济理论论证的论据；再次，经济史验证一切经济理论；最后，经济史使经济理论具体化和丰富多彩。

第五，资政功能。一个国家国情的核心内容是经济的发展，世界上很多国家都有自己的国情报告，一切经济政策都是从国情出发。经济史学在应用领域的拓展，便是发挥它的资政功能。从中国经济史学发展的历史来看，无论是传统形态还是现代形态的经济史学，从一产生就是为了资政。传统形态的经济史，如《史记》中的《平准书》和《汉书》的《食货志》就是为了总结经济情况。中华人民共和国成立之初，要求高等学校必须开设经济史课程，目的便是使他们认识国情。

第六，学术交流平台的功能。其主要体现为经济史学作为学科之间交流平台的作用。希克斯认为，经济史学的一个主要功能是可以作为经济学家、政治学家、社会学家、法学家和历史学家相互对话的论坛。多学科的交流是经济史学发展的方向，即吸收、运用其他学科的理论和方法。经济史学在通过多学科交流而得到发展的同时，又能回馈给其他学科四个方面的内容：一是经过整理的、系统的经济史资料，二是经过考证的经济史实，三是有事实依据的理论，四是经济史研究过程中的方法。

第七，教化功能。这是经济史学在精神生活领域的功能。赵德馨认为，真正的经济史学研究只有透过经济生活的遗迹，步入精神生活，才能算作成熟的经济史学，并影响社会的精神生活。他将此功能概括为两个方面：一是教育作用。这其中涉及经济史学的知识、经济史观的教育、经济国情的教育、经济发展道路的教育、经济政策的教育、经济发展动力和创造者的教育等。二是培养经济史学感。首先，把具体的经济现象放在一定的历史背景中思考；其次，认为任何事物的发展都具有自身的历史成长过程，都受经济的影响，进而形成长期的历史眼光；再次，养成经济史学的思维方式，即既静态又动态的"十字交叉"式的思维方式；最后，使用正确的分析方法，即保证经济史学研究工作掌握科学的方法，从而更好地达到"描述"与"分析"史料的目的。

2017年，赵德馨又在以上七个学科功能的基础上对经济史学科的功能进行了新的定义：求真、求解、求用。"求真"即寻求经济历史的真相，是经济史学科的首要功能与基础功能；"求解"即寻求经济历史的演变规律，是经济史学研究的"最终成果"；"求用"即经济史学的研究要面向现实，既为现实的经济发展提供历史经验，又为经济政策的制定提供经济理论。三者是一个整体，缺一不可，否则就不是真正意义上的经济史学。①

　　赵德馨对经济史学科功能的说明，是他对社会经济现实进行的回应，力求突出经济史学科为现实服务的作用。上述经济史学科的功能所起的作用，又将推动经济史学科本身不断地发展。刘经华认为，赵德馨通过不断地著述立论，向学界传递他对经济史学科本身的认识，使经济史学科实现了三个变化：一是研究领域的扩大。由局限于1949年前的中国经济史，转向将20世纪中国经济发展作为中国近现代经济发展的一个全过程来考察，作为整个中国经济史不可或缺的重要内容看待，反映了中国经济史学科自身特点和内在规律的突破性进展，标志了该学科的基本内容与前进方向。二是研究体系的变化。"跟随论与沉淀论"的统一，科学地界定了学科对象的下限，要求研究者的眼界、立足点、学识、方法、范畴，要随着经济发展不断变化、丰富、更新，由此导致经济史观、经济史理论、经济史方法及技术，乃至经济史学人自身的创新。三是研究重点和热点的转移。与时俱进的经济史学研究将成为一门新兴研究领域、一个重要的学术生长点。② 曾经不赞成将中国1949年以后的经济发展过程作为经济史学的研究对象的吴承明先生亦承认，20世纪80年代以后，中国经济史学研究的现代部分即中华人民共和国经济史成为热门③。

---

① 易棉阳，赵德馨.经济史学的发展障碍及其解除路径[J].中国经济史研究，2017（4）：184-192.

② 刘经华.独具匠心的描述框架与解释范式——赵德馨教授对中国经济史学的理论探索及启示[J].中南财经政法大学学报，2003（6）：2.

③ 吴承明.经济史：历史观与方法论[M].北京：商务印书馆，2014：13.

结　语

　　中国经济史学自 20 世纪初期开始已经走过了 100 多年的历程。作为一门学科，它形成于 20 世纪 20 年代末，先后经历两次发展的高潮，但是进入 20 世纪 90 年代以后，不论是学科研究还是学科教学的发展，都开始出现衰落的迹象。

　　正是在这样的大背景下，本书通过梳理赵德馨一系列的重要著作和他在构建学科体系方面的实践，讨论他在推动经济史学科建设方面所取得的成就。

　　在中国古代经济史学方面，赵德馨主要的研究领域是商品经济史与货币史，主要的研究时段是先秦到两汉时期，最主要的贡献是提出了"五主经济形态论"。"五主经济形态论"的提出，摆脱了在 20 世纪 50—60 年代僵化的"教条式"应用马克思主义基础理论的模式。在当前中国经济学界和经济史学界提出建立"中国化的马克思主义广义政治经济学"，构建"具有中国特色的经济史学话语体系"，为如何在马克思理论的指导下研究中国史实，如何根据中国经济的历史实际推动马克思经济理论的"中国化"提供了研究参照。

　　在中国近代经济史学方面，他做到了以下四点。首先，他主编出版了两部高质量的史料汇编：《张之洞全集》和《太平天国财政经济资料汇编》。两者皆是目前该领域国内外收集资料最为全面、完整，整理最为系统的史料汇编，为相关领域的研究人员提供了翔实的、可信的经济资料。其次，他提出以经济现代化为主线研究中国近代经济史，提出"经济现代化两层次学说"，对现代化的内涵做出了清晰的界定，并进一步提出将中国近代经济史与中国现代经济史"合二为一"，将两者作为一个整体进行研究的观点。他以此为依据，对中国近代经济发展的历史规律进行了总结，提出了中国三次现代化机遇的丧失、经济现代化起步的被动型与嫁接型等学说。他还对中国近代经济史的界限问题进行了重新定义，使以 1949 年作为划分中国近代经济史与中国现代经济史的界限逐渐成为经济史学研究的主流。最后，他研究了不同群体推动中国经济实现现代化的经济活动，突出"人"在历史中的作用。其中，农民群体为推动中国经济现代化做出努力或尝试，他以"太平天国的经济政策"为研究对象，分析了太平天国的土地政策、城市政策以及其经济纲领《天朝田亩制度》。另外，他以张之洞为例，研究了洋务派在中国经济现代化过程中的经济活动。他还撰写了一本学术型传记《黄奕住传》，研究了企业家在推动中国经济实现现代化的经济活动，并总结出中国近代经济走向现代化道路的四种模式：以张之洞为代表的"官僚模式",以张謇为代表的"士绅模式",以荣氏兄弟为代表的"商人模式"以及独具特色的"黄奕住模式"。

在学科教学方面,赵德馨在20世纪50年代编著的《中国近代国民经济史讲义》是中国第一本将中国近代经济史学的研究延伸到1949年的教材,并被美、日等国家的学者翻译、引进,用于研究与教学,提升了中国经济史学研究的国际影响力。完成于1988年的《中国近代国民经济史教程》,是赵德馨以经济现代化为主线研究中国经济史的第一次尝试,他在其中首次提出,中国近代经济史的开端应该在鸦片战争结束时的1842年,而非当时经济史学界的主流观点——以鸦片战争开始的1840年为起点。20世纪80年代以后,他开始致力于建设中国近现代经济史学科的工作,为此编写了《中国近现代经济史(1842—1991)》,先后由河南人民出版社和厦门大学出版社多次出版,被多所国内高等院校作为专业课指定教材,并被教育部认定为"九五"普通高等教育国家级重点教材和面向21世纪课程教材。

在中华人民共和国经济史学方面,赵德馨是最先在此领域进行研究的学者,也是最先倡导建设这门学科的学者,更是最早致力于培养该学科青年学者的导师,因此,他被誉为中华人民共和国经济史学的"奠基人"与"开拓者"。

在学术研究方面,他做到了以下三点。其一,为了奠定中华人民共和国经济史学研究的资料基础,赵德馨先后主编了三部多本资料集:《新中国经济文献索引(1949—1984)》《中华人民共和国经济专题大事记》《中华人民共和国经济专题资料长编》。其二,以他为主持人的中华人民共和国经济史课题组,主编了一部全面反映中华人民共和国经济运行过程的《中华人民共和国经济史》。其三,在史实研究的基础上,他对中国经济历史的发展规律进行了诸多理论解释:中国经济向现代化方向前进,具有内在的基础与动力,基本趋势是发展、进步、上升,现代化的实现离不开市场化与工业化的共同发展;多元互补型经济适合中国的国情,有利于经济的发展;在中华人民共和国成立以来的50年里,中国的经济发展呈现出一个明显的"之"字路。

在中华人民共和国经济史学科体系的构建方面,他做到了以下三点。其一,在20世纪50年代,他尝试在中国近代经济史课程中讲授中国现代经济史的内容,将"中国近代经济史"改为"中国近现代经济史",并编写了中国第一本讲授中华人民共和国经济史的教材——《中华人民共和国经济史讲义(1949—1956年)》,在对中华人民共和国经济史进行了较为完整的研究后,他又为中华人民共和国经济史课程编写了新的教材——《中华人民共和国经济史纲要》，并在中南财经大学开设该门课程。其二，他在中南财经政法大学建立了中华人民共和国经济史研究中心，于 1984 年开始带中华人民共和国经济史专业研究生，为中华人民共和国经济史学科培养了大批科研与教学人才。其三，积极参加各类学术活动，发表关于学科体系构建方面的演讲与文章，推动相关学术团体的组建。

赵德馨关于经济史学概论的研究，推动了完整的经济史学科的建设。在他开展此项研究之前，不论是国内还是国外，都未有学者对经济史学科本身进行系统的研究。首先，他对经济史学科的对象进行了充分说明，并将经济史学科的结构划分为经济史学与经济史学概论两个部分。其次，他对经济史学科的性质提出了独到的"独立学科"说，既肯定了历史学、经济学对于经济史学科的重要性，又强调经济史学科应该独立于以上两门学科。再次，在研究方法上，强调学术规范的遵守、学术素养的培育和研究步骤的科学性。他既强调研究工作要按照学术规范的要求，依据科学的步骤有序展开，又强调经济史学的研究在方法论上要"史无定法"。他的《社会科学工作程序与规范》既是一本社会科学工作者开展研究工作的"说明书"，又对工作者在素养层面提出了高层次的要求。最后，他强调经济史学的研究应该做到"求真、求解、求用"，重视理论的抽象以及经济史学研究与现实的呼应。

赵德馨在 60 多年的学术研究中，毫不懈怠，笔耕不辍。目前他已完成 7 部专著、1 部专题论文集、2 部论文选、3 部合著、2 部资料汇编，主编书 7 种，发表论文 220 余篇。这一系列数字的背后体现的是他在治学中的专一与勤勉，是他为经济史学科的发展付出的努力。正如他在 1982 年与《中国近代国民经济史讲义》日译者之一松野昭二教授见面时说的"只是不敢懈怠罢了"。因为拥有这样一种"不敢懈怠"的精神，赵德馨教授即使在 1998 年已退休，但他依然着力于三件事：继续进行学术研究，为经济史学科的发展添砖加瓦；发挥经济史学研究的"求用"功能，为政府经济工作贡献心得；扶植青年，提携后进，为经济史学科的发展培养人才。① 从退休至今，他在经济史学研究领域已完成论著 67 项（含主编、合著、独著的著作与文章），占其已发表成果的 37%（见表 4-1）。他平均每年要写 20 万字，编资料近 10 万字，审定和修改书稿30 万字左右。其中，这些成果中获得国家级奖项 1 个，省级奖 7 个。有的被国内学者译成英文，如《1949—2001 年：走向共同富裕的两条思路及其实践》一

① 周秀鸾，欧松涛.赵德馨退休后做了三件事[J].中南财经政法大学老教授文汇，2016（1）：1-12.

文，在 2007 年被《中国社会科学》杂志翻译成英文，刊载在其英文版上；他的著作《黄奕住传》被 Albert C.S. Teoh 和 Irene Teoh Brosnahan 翻译成英文并于 2003 年在加拿大出版。值得一提的是，以上完成的这些项目不是由他人代替，全都是他自己主动开展并完成，可谓"不用扬鞭自奋蹄"。[1]他对于研究经济史学的毅力，同行学者为之敬佩，2009 年，中国经济史学会副会长汪敬虞先生致信赵德馨称："这几年您出了一部中国经济史，我深佩您的毅力。像您这样的努力，堪称一绝。"

表 4-1　赵德馨教授研究成果数量情况表

时间	中国古代经济史学	中国近代经济史学	中华人民共和国经济史学	求通类研究	经济史学概论
1956—1998 年	9	29	38	5	33
1999 年至今	4	13	24	5	21
总计	13	42	62	10	54

　　退休之前，赵德馨一手创建了中南财经政法大学经济史学科点，培养了大批经济史学研究工作者。退休之后，虽未再教任何课程，但仍然没有放下教师的工作。2011 年，他指导经济学博士乔吉燕学习中国古代经济史，为她制定阅读书目，教她学习古汉语，教她研究古代经济史的方法。最终，乔吉燕如愿进入哈佛大学攻读博士学位。2013 年，他又指导杨祖义对 20 世纪中国经济史学家群体的研究，帮助他成功以此为题申请到国家社科基金课题。另外，赵德馨还为当时的在读博士生郭旭红提供有关中国 GDP 增长速度的资料 5 万余字，为她讲解自己关于中国经济增长速度的看法，帮助她顺利完成博士学位论文。
　　赵德馨的学术研究，硕果累累，华章迭出。他的两汉经济史研究，在汉史学界独树一帜，迄今无法绕过。[2]他的《楚国的货币》是新时期中国货币史研究中最具特色、最有分量的专著之一。[3]他的《中国近代国民经济史讲义》不

①　周秀鸾,欧松涛.赵德馨退休后做了三件事[J].中南财经政法大学老教授文汇,2016(1):1-12.
②　葛金芳.经济现代化两层次学说——读《赵德馨经济史学论文选》的一点体会[J].中南财经政法大学学报,2003(6):3.
③　李根蟠.赵德馨教授经济史研究的特点[J].中南财经政法大学学报2004(4):2.

限于一般的概说，具有比较完整的体系，引用翔实的史料、资料进行详述。① 他的《中国近代国民经济史教程》是中国第一部真正完整的中国近代经济史②，为中国近代经济史教学质量的进一步提高奠定了良好的基础③。他主编的5卷本《中华人民共和国经济史》是关于毛泽东时代经济的史实资料，是最为综合全面的资料。④ 他主编的《中国经济通史》代表了经济史学科总体研究的前沿水平。⑤ 他的《中国近现代经济史（1842—1991）》以其鲜明的理论特色和浓厚的创新色彩给人耳目一新之感，堪称中国近现代经济史著作中的一朵奇葩。⑥ 他对于经济史学概论领域的开拓，是填补经济史学科空白的艰巨工程。⑦ 这些都是国内外同行学者对赵德馨的研究成果给予的极高的评价，也是他在学术研究方面所取得的成就。

---

① 松野昭二. 松野昭二教授致赵德馨 [M]// 屈演文，苏少之. 赵德馨与中国经济史学. 北京：经济科学出版社，2010：68.

② 王方中. 有特色的《中国近代国民经济史教程》[N]. 光明日报，1989-3-8.

③ 汤象龙. 一本好教材——评《中国近代国民经济史教程》[J]. 财经科学，1989（4）：5.

④ 科斯，王宁. 变革中国 [M]. 徐尧，李哲民，译. 北京：中信出版社，2013：11.

⑤ 见声. 建国60年来中国近代经济史学科与研究 [J]. 中国经济史研究，2009（4）：158-162.

⑥ 彭南生. 建构基于中国经验的互补理论——读赵德馨教授著《中国近现代经济史》[M]// 屈演文，苏少之. 赵德馨与中国经济史学. 北京：经济科学出版社，2011：297-302.

⑦ 刘经华. 独具匠心的描述框架与解释范式——赵德馨教授对中国经济史学的理论探索与启示 [J]. 中南财经政法大学，2003（6）：2.

参考文献

一、工具书类

[1] [英]约翰·伊特韦尔，默里·米尔盖特，彼得·纽曼，等.新帕尔格雷夫经济学大辞典[M].北京：经济科学出版社，1996.

[2] 赵德馨.中华人民共和国经济专题大事记：1949—1966[M].郑州：河南人民出版社，1989.

[3] 赵德馨.中华人民共和国经济专题大事记：1967—1984[M].郑州：河南人民出版社，1989.

[4] 赵德馨.太平天国财政经济资料汇编[M].上海：上海古籍出版社，2017.

[5] 赵德馨.中国经济史辞典[M].武汉：湖北辞书出版社，1990.

二、报纸类

[1] 江泉.关于中国历史上奴隶制和封建制分期问题的讨论[N].人民日报，1956-7-4.

[2] 范文澜.纪念太平天国起义一百零五周年[N].人民日报，1956-1-11.

[3] 范文澜.中国近代史的分期问题[N].光明日报，1956-10-25.

[4] 郭沫若.读了《记殷周殉人之史实》[N].光明日报，1950-3-21.

[5] 胡绳.关于近代中国与世界的几个问题[N].人民日报，1990-10-17.

[6] 张海鹏.关于中国近现代史的分期问题[N].北京日报，2015-7-27.

[7] 周谷城.略论中国古代货币中的"爰"与"布"[N].光明日报，1978-3-16.

[8] 赵德馨.张之洞：一个认真的悲剧演员[N].楚天都市报，2009-7-5.

[9] 赵德馨.寻真记——收集张之洞文献故事四则[N].中国社会科学报，2016-10-27.

[10] 赵德馨.关于中国近代经济史分期问题的讨论[N].光明日报，1961-1-16.

三、著作类

[1] 历史研究编辑部.建国以来史学理论问题讨论举要 [M]. 济南：齐鲁书社，1983.

[2] 历史研究编辑部.中国近代史分期问题讨论集 [M].北京：三联书店，1957.

[3] 陈振汉.步履集 [M].北京：北京大学出版社，2005.

[4] 恩格斯.社会主义从空想到科学的发展 [M].北京：解放出版社，1949.

[5] 范文澜.中国近代史 [M].北京：人民出版社，1951.

[6] 复旦大学经济学系.复旦经济论丛 [M].上海：复旦大学出版社，1986.

[7] 湖北大学政治经济学教研室.中国近代国民经济史讲义 [M].北京：高等教育出版社，1958.

[8] 科斯，王宁.变革中国 [M].徐尧，李哲民，译.北京：中信出版社，2013.

[9] 李伯重.理论、方法、发展、趋势——中国经济史研究新探 [M].杭州：浙江大学出版社，2013.

[10] 李宗植，张寿彭.中国现代经济史 [M].兰州：兰州大学出版社，1989.

[11] 柳随，吴敢群.中国社会主义经济简史 [M].哈尔滨：黑龙江人民出版社，1985.

[12] 马克思，恩格斯.马克思恩格斯选集：第 2 卷 [M].北京：人民出版社，1972.

[13] 马克思.资本论：第 3 卷 [M].北京：人民出版社，1953.

[14] 彭信威.中国货币史 [M].上海：群联出版社，1954.

[15] 屈演文，苏少之.赵德馨与中国经济史学 [M].北京：经济科学出版社，2011.

[16] 斯大林.苏联社会主义经济问题 [M].北京：人民出版社，1957.

[17] 孙健.中华人民共和国经济史 [M].北京：人民大学出版社，1992.

[18] 汪敬虞.汪敬虞集 [M].北京：中国社会科学出版社，2001.

[19] 王亚南.中国经济原论 [M].上海：生活书店，1947.

[20] 魏永理.中国近代经济史纲 [M].兰州：甘肃人民出版社，1983.

[21] 吴承明.经济史：历史观与方法论 [M].北京：商务印书馆，2014.

[22] 吴承明.经济史理论与实证——吴承明文集 [M].杭州：浙江大学出版社，2012.

[23] 吴承明.市场·近代化·经济史论 [M].昆明：云南大学出版社，1996.

[24] 熊彼特.经济分析史：第一卷 [M].朱泱，孙鸿敞，李宏，等译.北京：商务印书馆，1991.

[25] 许涤新，吴承明.中国资本主义发展史 [M].北京：人民出版社，1985.

[26] 杨祖义.20 世纪的中国经济史学 [M].北京：经济科学出版社，2016.

[27]　朱培民 . 中华人民共和国经济简史 [M]. 北京：中共中央党校出版社，1994.

[28]　赵德馨 . 中国近代国民经济史教程 [M]. 北京：高等教育出版社，1988.

[29]　赵德馨 . 中华人民共和国经济史（1949—1966）[M]. 郑州：河南人民出版社，1988.

[30]　赵德馨 . 中华人民共和国经济史（1967—1984）[M]. 郑州：河南人民出版社，1989.

[31]　赵德馨 . 中华人民共和国经济史纲要 [M]. 武汉：湖北人民出版社，1987.

[32]　赵德馨 . 中国近代国民经济史教程 [M]. 北京：高等教育出版社，1988.

[33]　赵德馨 . 中国近现代经济史（1842—1949）[M]. 郑州：河南人民出版社，2003.

[34]　赵德馨 . 中国近现代经济史（1842—1949）[M]. 厦门：厦门大学出版社，2017.

[35]　赵德馨 . 中国近现代史纲要 [M]. 北京：高等教育出版社，2007.

[36]　赵德馨 . 赵德馨经济史学论文选 [M]. 北京：中国财政经济出版社，2002.

[37]　赵德馨 . 社会科学研究工作程序与规范 [M]. 武汉：湖北人民出版社，2016.

[38]　赵德馨 . 黄奕住传 [M]. 长沙：湖南人民出版社，1998.

[39]　赵德馨 . 经济史学概论文稿 [M]. 北京：经济科学出版社，2009.

[40]　赵德馨，周秀鸾，姚会元，等 . 近代中西关系与中国社会 [M]. 武汉：湖北人民出版社，1993.

[41]　赵德馨，楚国的货币 [M]. 武汉：湖北教育出版社，1996.

[42]　赵德馨 . 张之洞全集 [M]. 武汉：武汉出版社，2008.

四、期刊论文

[1]　MCCLOSKRY D N. Does the past have useful economomics[J]. *Journal of Econnomic Literature*，1976，14（2）：434–461.

[2]　MATHIAS P. Living with the neighbours：the role of economic history. In The Study of Economic History. N.B. Harte[J]. *Frank Cass*，1971.

[3]　BARKER T C. What is economic history[J]. *History Today*，1985：36–38.

[4]　赵德馨 . 论太平天国的"着佃交粮"制 [J]. 中国社会科学，1981（2）：107–118.

[5]　陈让 . 汉金非铜辨 [J]. 文史哲，1956（9）：54–55.

[6]　戴逸 . 中国近代史的分期问题 [J]. 历史研究，1956（6）：22.

[7]　杜金铭 . 从史料运用上略论两汉社会性质问题 [J]. 历史研究，1956（1）：51–63.

[8]　傅筑夫 . 进一步加强经济史研究 [J]. 天津社会科学，1982（6）：39–44.

[9] 高德步 . 论经济史学的对象、任务与方法 [J]. 南开经济研究，2000（6）：6.

[10] 关永强，张东刚 . 英国经济学的演变与经济史学的形成（1870—1940）[J]. 中国社会科学，2014（4）：21.

[11] 关永强 . 从历史主义到计量方法：美国经济史学的形成与转变（1870—1960）[J]. 世界历史，2014（4）：10.

[12] 郭沫若 . 关于中国古史研究中的两个问题 [J]. 历史研究，1959（6）：8.

[13] 郭若愚 . 谈谈先秦币的几个问题 [J]. 中国钱币，1991（2）：6.

[14] 郭毅生 . 略论太平天国革命的性质 [J]. 教学与研究，1957（2）：8–16.

[15] 胡绳 . 中国近代历史的分期问题 [J]. 历史研究，1954（1）：5–15.

[16] 胡珠生 . 论汉金非铜及其减退原因 [J]. 文史哲，1957（12）：40–48.

[17] 翦伯赞 . 关于两汉的官私奴婢问题 [J]. 历史研究，1954（4）：24.

[18] 金冲及 . 对于中国近代历史分期问题的意见 [J]. 历史研究，1955（2）：15.

[19] 劳干 . 汉代黄金及铜钱的使用问题 [J]. 史语所集刊，1971（12）：341–389.

[20] 李伯重 . 回顾与展望：中国社会经济史学百年沧桑 [J]. 文史哲，2008（1）：18.

[21] 李伯重 . 历史上的经济革命与经济史的研究方法 [J]. 中国社会科学，2001（6）：171–185.

[22] 李伯重，刘泽生 . 反思"新经济史"：回顾、分析与展望 [J]. 澳门理工学报：人文社会科学版，2017（1）：5–24.

[23] 李根蟠 . 赵德馨教授经济史研究的特点 [J]. 中南财经政法大学学报，2004（4）：2.

[24] 李根蟠 . 中国经济史学百年历程与走向 [J]. 经济学动态，2001（5）：5.

[25] 李家浩 . 试论战国时楚国的货币 [J]. 考古，1973（3）：5.

[26] 李书源 . 关于"着佃交粮"制性质的几个问题 [J]. 吉林大学社会科学学报，1993（2）：7.

[27] 李运元 . 试论国民经济史的研究对象——兼评孙健同志对这个问题的看法 [J]. 经济研究，1957（6）：14.

[28] 梁秀峰 . 我国社会主义经济道路上的探索和实践 [J]. 中国经济史研究，1986（4）：21.

[29] 刘大年 . 中国近代史研究中的几个问题 [J]. 历史研究，1959（10）：16.

[30] 马非百 . 秦汉经济史料（六）——奴隶制度 [J]. 食货半月刊，1936，3（8）：37–52.

[31] 毛佩琦 . 纪念尚钺、学习尚钺——记尚钺同志诞辰九十周年座谈会 [J]. 清史研究，

1992（3）：7.

[32] 牛润珍．尚钺先生与"魏晋封建说"——为纪念尚钺先生诞辰 100 周年而作 [J]．淮北煤炭师范学院学报：哲学社会科学版，2003（1）：1–7.

[33] 潘朝业．汉"金"存疑 [J]．文史哲，1956（9）：51.

[34] 秦晖．汉"金"新论 [J]．历史研究，1993（5）：15.

[35] 邱丹，张鸣鹤．不懈地探索建设社会主义中国之路——简介《中华人民共和国经济史》：第 2 卷 [J]．中南财经大学学报，1990（1）：103–107.

[36] 荣孟源．对于近代史分期的意见 [J]．科学通报，1956（8）：82–87.

[37] 史蕾．学有定规与史无定法——访问赵德馨先生 [J]．中国社会经济史研究，2014（1）：96–100.

[38] 隋福民．经济史：一门经济分析的方法 [J]．中国经济史研究，2009（2）：7.

[39] 孙健．国民经济史的对象、方法和任务 [J]．经济研究，1957（2）：11.

[40] 孙守任．中国近代历史的分期问题的商榷 [J]．历史研究，1954（6）：15.

[41] 汪本初．楚国铜贝的特色——兼谈近年来安徽出土的"蚁鼻钱" [A]// 安徽省钱币学会．钱币文论特辑，1988.

[42] 王玲．求通——访问赵德馨先生 [J]．中国经济史研究，2008（3）：4.

[43] 汪庆正．中国钱币研究的现状及其展望 [J]．中国钱币，1983（01）：5–9.

[44] 吴承明．关于研究中国近代经济史的意见 [J]．晋阳学刊，1982（1）：58–61.

[45] 吴承明．经济史：历史观与方法论 [J]．中国经济史研究，2001（3）：3–22.

[46] 吴承明．经济学理论与经济史研究 [J]．经济研究，1995（4）：3–9.

[47] 吴承明．谈谈经济史研究方法问题 [J]．中国经济史研究，2005（1）：3–5.

[48] 吴承明．中国近代经济史若干问题的思考 [J]．中国经济史研究，1988（2）：153–160.

[49] 杨伟立，魏君弟．汉代是奴隶社会还是封建社会 [J]．历史研究，1956（2）：19.

[50] 杨祖义．中国经济史学术语变迁之历史趋势 [J]．中国社会经济史研究，2013（2）：6.

[51] 杨遵道．中国人民大学第六次科学讨论会上关于"中国近代史分期问题"的讨论 [J]．历史研究，1956（7）：228.

[52] 尹进．一部全面反映中华人民共和国经济史的巨著 [J]．中国社会科学，1992（3）：2.

[53] 张永刚，冯小红．建国以来国内出版的近代经济史教材研究 [J]．山东师范大学

学报：人文社会科学版，2009（4）：4.

[54] 张泽松. 浅谈"郢爰"出现的时代 [J]. 中国钱币，1989（2）：71–73.

[55] 章开沅. 关于中国近代史分问题 [J]. 华中师范学院学报，1957（1）：34–50.

[56] 朱荫贵. 对近代中国经济史研究中心线索的再思考 [J]. 社会科学，2010（6）：
145–149.

[57] 易棉阳，赵德馨. 经济史学的发展障碍及其解除路径——基于功能、素养、学
科定位视角的分析 [J]. 中国经济史研究，2017（4）：184–192.

[58] 赵德馨，杨祖义. 求新之路——《中国经济史研究》历程浅析 [J]. 中国经济史研究，
2017（6）：176–183.

[59] 赵德馨，周秀鸾. 关于布币的三个问题 [J]. 社会科学战线，1980（4）：205–
209.

[60] 赵德馨. "秦钱重，难用"考释——兼论《史记》中币值的"矛盾" [J]. 武汉金
融，2013（11）：3–4.

[61] 赵德馨.《新中国经济文献索引（1949—1984）》前言 [J]. 湖北财经学院学报，
1985（1）：88–89.

[62] 赵德馨. 楚国金币流通地域的考察 [J]. 江汉考古，1985（3）：66–72.

[63] 赵德馨. 楚国金属货币的币材 [J]. 江汉论坛，1984（2）：73–78.

[64] 赵德馨. 楚国金属货币的币形 [J]. 江汉论坛，1983（5）：72–77.

[65] 赵德馨. 对外开放与封闭：历史的过程与经验 [J]. 中南财经大学学报，1994（6）：
1–6.

[66] 赵德馨. 对中国近代史分期的意见 [J]. 历史研究，1957（3）：87–92.

[67] 赵德馨. 对中国经济史教学改革的两点建议 [J]. 经济学动态，2001（5）：33–
35.

[68] 赵德馨. 跟随历史前进——再论经济史学的研究对象 [J]. 中南财经大学学报，
1995（6）：19.

[69] 赵德馨. 关于中国近代国民经济史的分期问题 [J]. 学术月刊，1960（4）：50–
59.

[70] 赵德馨. 关于中国经济史上的经济增长方式 [J]. 中国经济史研究，1998（1）：
56–64.

[71] 赵德馨. 经济史学科的发展与理论 [J]. 中国经济史研究，1996（1）：98–104.

[72] 赵德馨. 经济史学科的分类与研究方法 [J]. 中国经济史研究，1999（1）：122–
125.

[73] 赵德馨．论商兴国兴 [J]．中国经济史研究，2003（3）：62–69．

[74] 赵德馨．论太平天国的"着佃交粮"制 [J]．中国社会科学，1981（2）：9．

[75] 赵德馨．论太平天国的城市政策 [J]．历史研究，1993（2）：49–62．

[76] 赵德馨．论太平天国实行的土地政策 [J]．中南财经政法大学学报，1982（1）：106–114．

[77] 赵德馨．论战国时期金币的性质 [J]．湖北财经学院学报，1984（1）：89–96．

[78] 赵德馨．市场化与工业化：经济现代化的两个主要层次 [J]．中国经济史研究，2001（1）：82–96．

[79] 赵德馨．西汉前的币制改革与五铢钱制度的确立（上）[J]．武汉金融，2008（12）：4．

[80] 赵德馨．西汉前的币制改革与五铢钱制度的确立（下）[J]．武汉金融，2009（12）：57．

[81] 赵德馨．学科与学派：中国经济史学的两种分类——从梁方仲的学术地位说起 [J]．中国社会经济史研究，2009（3）：1–3．

[82] 赵德馨．洋务派关于中国近代工业起步的决策 [J]．近代史研究，1991（1）：50–51．

[83] 赵德馨．张之洞：忠臣、学者、改革家 [J]．百年潮，2011（4）：3–12．

[84] 赵德馨．中国前近代史的奥秘——对日本国中村哲教授《中国前近代史理论的重构——序说》的评论 [J]．中南财经大学学报，1996（4）：34–37．

[85] 赵德馨．中华人民共和国经济史的分期 [J]．青海社会科学，1986（1）：3–11．

[86] 赵德馨．中华人民共和国经济史研究方法中的几个问题 [J]．中南财经大学学报，1988（1）：1–2．

[87] 赵德馨．重提经济史学科研究对象的问题 [J]．中国社会经济史研究，1992（3）：6．

[88] 赵德馨．重议《天朝田亩制度》的性质 [J]．江汉论坛，1981（1）：114–120．

五、学位论文

[1] 胡爱琴．赵德馨与中华人民共和国经济史研究探析 [D]．福州：福建师范大学，2012．

附　录

附录 A　赵德馨研究成果表

年　份	成　果	备　注
1952	《供销合作社与劳动互助组》发表于《经济周报》1952 年第 20 期	
1957	《对中国近代史分期的意见》发表于《历史研究》1957 年第 3 期	这是赵德馨在 1956 年 1 月 26 日中国人民大学科学讨论会历史分会发言的摘要，共 7000 字。其发言中所说的观点，苏联《历史问题》杂志 1956 年第 8 期做过报道。收入《中国近代史分期问题讨论集》，三联书店 1958 年版，新华月报 1957 年第 10 期转载
1958	《十九世纪下半期军事工业的性质》发表于《经济问题》1958 年第 4 期	
1958	《中国近代国民经济史讲义》，高等教育出版社 1958 年版	《中国近代国民经济史》（英文节译本），美国东西文化研究中心翻译出版，译者：William W L Wan 等。《中国近代国民经济史（上）（下）册》，雄浑社 1971 年版，近代中国经济史研究会译，译者：池田诚、松野昭二、林要三、田尻利
1958	《生产工具在经济发展中的作用——与雷海宗商榷》发表于《史学月刊》1958 年第 1 期	
1958	《两汉的商品生产和商业》，载中国人民大学历史教研室；《中国奴隶制经济形态的片断探讨》，三联书店 1958 年版（第 76—166 页）	

年 份	成 果	备 注
1959	《读戴逸编著〈中国近代史稿（第一卷）〉》发表于《历史研究》1959 年第 12 期	1960 年第 2 期转载
1960	《关于中国近代国民经济史的分期问题》发表于《学术月刊》1960 年第 4 期	
	《驳市场供应"今不如昔"论》发表于《政治与经济》1960 年第 1 期	
	《必须严肃地对待毛主席的著作》发表于《史学月刊》1960 年第 5 期	
1961	《关于中国近代国民经济史分期问题的讨论（综合报道）》发表于《光明日报》1961 年 1 月 16 日	
	《怎样正确认识中国民族资本主义的特点——评〈芜湖纺织厂史〉》发表于《光明日报》1961 年 5 月 1 日（与周秀鸾合作，署名赵禾）	
1962	《关于太平天国土地政策的讨论》发表于《湖北日报》1962 年	
1963	《论太平天国实行的土地政策》发表于《湖北财经学院学报》1980 年第 1 期（创刊号）	
1964	《叛徒与英雄可以"合二为一"吗》发表于《江汉学报》1964 年第 9 期	
1965	《毛主席语录（一百条）》，湖北人民出版社 1965 年版（与温焯华共同主持、选编）	
	《向贫下中农学习辩证法》发表于《江汉学报》1965 年第 8 期	
	《怎样算劳力账》发表于《江汉学报》1965 年第 10 期	
1966	《鲁迅文摘（大字本）》，湖北人民出版社 1966 年内部印刷	
	《马恩列斯论阶级斗争（马恩列斯文摘之一）》，湖北人民出版社 1966 年内部印刷	
	《马恩列斯论社会主义（马恩列斯文摘之二）》，湖北人民出版社 1966 年内部印刷	
1974	《论桑弘羊》发表于《武汉大学学报》1974 年第 4 期	
1975	《论儒法两家在农业问题上的对立斗争》，发表于《武汉大学学报》1975 年第 3 期（署名："华中农学院理论小组"）	
1977	《首先要重视农业——学习〈论十大关系〉关于农轻重的论述》，武汉广播电台 1977 年 3 月 10 日广播稿，湖北省广播电台 1977 年 3 月 10 日广播稿	

续 表

年 份	成 果	备 注
1979	《汉代的农业生产水平有多高》发表于《江汉论坛》1979 年第 2 期	
1980	《论太平天国实行的土地政策》发表于《湖北财经学院学报》1980 年第 1 期（创刊号）	
	《关于布币的三个问题》发表于《社会科学战线》1980 年第 4 期（与周秀鸾合作）	
1981	《对〈第一次国内革命战争时期的革命领导权问题〉的意见》发表于《中国社会科学》1981 年第 4 期	
	《重议〈天朝田亩制度〉的性质》发表于《江汉论坛》1981 年第 1 期	
	《论太平天国的"着佃交粮"制》发表于《中国社会科学》1981 年第 2 期	《论太平天国的"着佃交粮"制》英译本，刊于 Social Sciences in China 1981 年第 3 期。收入《市场化改革与经济发展》，湖北人民出版社 1998 年版
	《关于中国近百年经济发展的过程及其特点》发表于《湖北方志通讯》1981 年第 5 期	
1982	《论太平天国实行的土地政策（续）》发表于《湖北财经学院学报》1982 年第 1 期	
	《中国近代经济史教材的建设问题》，载东北三省中国经济史学会编《中国经济史论文集（上）》1982 年印刷	
	《苏东坡吃的是芋头》发表于《农业考古》1982 年第 2 期（与彭传彪合作）	
	《关于科研程序的几个问题》发表于《高等教育研究》1982 年第 2 期	
1983	《目的在于转化》发表于《高等财经教育研究》1983 年第 5 期	
	《楚国金属货币的币形》发表于《江汉论坛》1983 年第 5 期	
	《科学研究过程中的分析阶段》发表于《贵州金融研究》1983 年第 10 期	

年 份	成 果	备 注
1984	《论战国时期金币的性质》发表于《湖北财经学院学报》1984 年第 1 期	
	《关于经济史学历史问题的一点补充意见》发表于《中央电大经济》1984 年第 1 期	
	《楚国金属货币的币材》发表于《江汉论坛》1984 年第 2 期；《中国史研究文摘》1984 年 1 至 6 月转载,中州古籍出版社 1985 年版（第 205—206 页）	
	《列宁关于半殖民地半封建社会的学说》发表于《青海社会科学》1984 年第 4 期	
	《谈谈大事记及资料长编》发表于《湖北方志通讯》1984 年第 4 期	
	《中华人民共和国经济史〈经济学学科辞典〉条目》发表于《投资与信用研究》1984 年第 4 期转载（与苏少之合写）	
	《大力开展中华人民共和国经济史的研究是时代的需要》发表于《湖北财经学院学报》1984 年第 5 期	

续　表

年　份	成　果	备　注
1985	《中国半殖民地半封建经济的主要特点》发表于《湖北方志通讯专集》1985 年印刷	
	《〈1949—1982 年中国经济文献索引〉前言》发表于《湖北财经学院学报》1985 年第 1 期	
	《楚国金币流通地域的考察》发表于《江汉考古》1985 年第 3 期	
	《怎样写论著》，长航史志通讯 1985 年第 2 期	
	《漫谈选题》，湖南教育学院学报 1985 年第 1 期。	
	《导言：方法的重要性》，青年社会科学 1985 年第 1、2 期合刊	
	《选题》，青年社会科学 1985 年第 1、2 期合刊	
	《研究已有的成果》，青年社会科学 1985 年第 3 期	
	《学习理论》，青年社会科学 1985 年第 3 期	
	《搜集资料》，青年社会科学 1985 年第 4 期	
	《实地调查》，青年社会科学 1985 年第 4 期	
	《整理资料》，青年社会科学 1985 年第 5 期	
	《分析资料》，青年社会科学 1985 年第 5 期	
	《撰写论著》，青年社会科学 1985 年第 6 期	
	《人民的事业》，青年社会科学 1985 年第 6 期	
	《江河水利的演变与社会经济的发展》，载水电部办公厅编《修志报告选集》1985 年印刷（第 74—90 页）	
	《当代中国经济文献索引（1949—1982）》，中南财经大学印刷（与苏少之、赵凌云、王秀兰共同编辑，共 12 本，110 万字）	
	《中华人民共和国经济史的分期》，青海社会科学，1986 年第 1 期	
1986	《关于省志工交诸志篇目的几个问题》，湖北方志通讯，1986 年第 3 期	
	《谈谈经济专史的性质、特点和优势》，长航史志通讯，1986 年第 3 期	
	《新编方志的生命力及方志编纂的志风问题》，湖北方志通讯，1986 年第 5 期	

年 份	成 果	备 注
1987	《社会科学研究工作程序》，中国财政经济出版社 1987 年版（与周秀鸾合著）	
	《学习和掌握"点石成金术"》，中南财经大学学报 1987 年第 5 期	
	《中国古代、近代经济史论著目录索引》，中南财经大学、西南财经大学印刷（与李运元共同主编，刘方健、王秀兰等编，共 16 本，100 万字）	
1988	《中国近代度量衡与货币制度的演变与折算（上）》，湖北方志 1988 年第 4 期（与陶良虎、黄磊合作）	
	《中国近代度量衡与货币制度的演变与折算（中）》，湖北方志 1988 年第 5 期（与陶良虎、黄磊合作）	
	《中国近代国民经济史教程》，高等教育出版社 1988 年版	《中国近代国民经济史教程》，高等教育出版社 1990 年版，第 2 次印刷（改正版）。《中国近代国民经济史教程》，高等教育出版社 1992 年版，第 3 次印刷。《中国近代国民经济史教程》，高等教育出版社 1994 年版，第 4 次印刷。《中国近代国民经济史教程》，2000 年西南财经大学第 5 次印刷
	《〈中国近代国民经济史教程〉导言》，载《中国近代经济史研究资料》（9），上海社会科学院出版社 1989 年版	
	《中华人民共和国经济史纲要》，湖北人民出版社 1988 年版	《中华人民共和国经济史纲要》，1995 年中南财经大学第 2 次印刷；《中华人民共和国经济史纲要》，1998 年中南财经大学第 3 次印刷

续　表

年　份	成　果	备　注
1988	《中华人民共和国经济史研究方法中的几个问题》，中南财经大学学报1988年第1～2期	
	《以生产力为主线，编写〈湖北省志·工业志稿〉》，湖北方志1988年第2期	
	《对发展的探索》，读书，1988年第7期（与赵凌云合作）	
	《中华人民共和国经济史（1949—1966）》，河南人民出版社1988年版（主编）	《中华人民共和国经济史（1949—1966）》，河南人民出版社1991年版，第2次印刷
	《中国社会主义经济历史前提的特殊性——对中国半殖民地半封建经济形态特点的分析》，载《社会主义在中国》，中国财政经济出版社1988年版	
1989	《中国近代度量衡与货币制度的演变与折算（下）》，湖北方志1989年第2期（与陶良虎、黄磊合作）	
	《方志学与经济史学》，湖北方志1989年第1期	
	《中华人民共和国经济史（1967—1984）》，河南人民出版社1989年版（主编）	《中华人民共和国经济史（1967—1984）》，河南人民出版社1991年版，第2次印刷
	《追求平衡：历史与现实 感情与理智》，中南财经大学学报1989年第2期	
	《中华人民共和国经济专题大事记（1949—1966）》，河南人民出版社1989年版	
	《中华人民共和国经济专题大事记（1967—1984）》，河南人民出版社1989年版	
	《为了现在与未来的需要》，经济学情报1989年第6期	
1990	《鸦片战争与中国近代经济的演变》，湖北方志1990年第4期	
	《湖北省志·工业志稿·石油》，湖北人民出版社1990年版	
	《发扬面向现实，反思历史的优良传统》，中国经济史研究1990年第1期	
	《方志语言疵瑕举例——读稿札记》，湖北方志1990年第1期	

年 份	成 果	备 注
	《为了现在与未来的需要——答〈中州书林〉记者问》，中州书林 1990 年 3、4、5 期	
	《经济的稳定发展与增长速度》，中南财经大学学报 1990 年第 4 期	
	《中国经济史辞典》，湖北辞书出版社 1990 年版（主编）	
	《中国人民对社会发展道路的选择》，湖北社会科学 1990 年 10 期（与赵凌云合作）	
	《财经大辞典·经济史分编》，中国财政经济出版社 1990 年版（主编、主要作者）	
	《湖北省志·工业志稿·机械》，武汉大学出版社 1990 年版（主编）	
1991	《洋务派关于中国近代工业起步的决策》，近代史研究 1991 年第 1 期	
	《世界经济大危机与湖北农产品商品化的变化》，中南财经大学学报 1991 年第 5 期（与班耀波合作）	
	《湖北经济近代化进程与武昌起义》，中南财经大学学报 1991 年第 6 期（与周秀鸾合作）	
	《华煜卿传》，载孔令仁主编：《中国近代企业的开拓者》，山东人民出版社 1991 年版（与周君忆合作）	
	《吴蕴初传》，载孔令仁主编：《中国近代企业的开拓者》，山东人民出版社 1991 年版（与刘大洪合作）	
	《宋炜臣传》，载孔令仁主编：《中国近代企业的开拓者》，山东人民出版社 1991 年版（与黄磊合作）	
	《湖北省志·工业志稿·化工》，中国文史出版社 1991 年版（主编）	
	《不可或缺，力争写好——对〈湖北省志·工业志稿〉记载思想政治工作的意见》，湖北方志 1991 年第 1 期	
	《蔚为壮观的社会科学学科之林——评〈社会科学学科辞典〉》，中南财经大学学报 1991 年第 2 期	
	《经济部类突出，本县特色鲜明——读新编宜都、枝江、远安县志》，湖北方志 1991 年第 4 期	

年　份	成　果	备　注
	《从新民主主义到社会主义初级阶段——论中国共产党对马克思列宁主义的独特贡献》，湖北社会科学 1991 年 7 月（与苏少之合作）	
	《开拓者智慧与汗水的结晶——读〈洛阳市涧西区志〉》，载《洛阳市涧西区志评论集》，中州古籍出版社 1991 年版（与周秀鸾合作）	
	《湖北省志·工业志稿·纺织工业》，中国文史出版社 1991 年版（主编）	
	《湖北省志·工业志稿·建材》，新华出版社 1991 年版（主编）	
	《走自己的路——读〈论十大关系〉》，学习月刊 1991 年 12 期（与赵凌云合作）	
1992	《洋务派关于中国近代工业起步的决策》，收入孔令仁、李德征主编：《中国近代化与洋务运动》，山东大学出版社 1992 年 2 月	
	《湖北省太平天国史学术讨论会综述》，理论月刊 1992 年第 8 期（与彭南生合作）	
	《湖北省志·经济综述》，湖北人民出版社 1992 年版（责任副总编）	
	《〈湖北省志·经济综述〉前言》，湖北方志 1992 年第 6 期	
	《重提经济史学科研究对象的问题》，中国社会经济史研究 1992 年第 3 期	
	《大胆借鉴吸收人类文明的有益成果》，中南财经大学学报 1992 年第 3 期	
	《两种思路的碰撞与历史的沉思——1950—1952 年关于农业合作化目标模式的选择》，中国经济史研究 1992 年第 4 期（与苏少之合作）；中南财经大学学报 1992 年增刊	
	《湖北省志·工业志稿·冶金》，中国书籍出版社 1992 年版	
	《湖北省志·工业志稿·二轻》，中国轻工业出版社 1992 年版（主编）	
	《加速社会主义经济发展的动力与途径》，湖北社会科学 1992 年第 10 期（与赵凌云合作）	

年　份	成　果	备　注
1993	《论太平天国的城市政策》，历史研究 1993 年第 2 期；收入《太平天国与近代中国——纪念太平天国起义 140 周年国际学术讨论会论文集》，广东人民出版社 1993 年版	
	《张謇与近代绅商关系的变化》，载《论张謇——张謇国际学术研讨会论文集》，江苏人民出版社 1993 年版	
	《近代中西关系与中国社会》，湖北人民出版社 1993 年版（合著、主持人）	《近代中西关系与中国社会》，1998 年中南财经大学第 2 次印刷
	《湖北省志·工业志稿·电力》，人民出版社 1993 年版（主编）	
	《许国新著〈时间运用论〉序》，中国统计出版社 1993 年版（主编）	
	《毛泽东经济思想的内涵》，湖北方志 1993 年第 5 期；城市金融 1993 年第 6 期	
	《经天纬地强国富民——毛泽东经济思想的特点》，中南财经大学学报 1993 年第 6 期	
	《毛泽东经济思想的历史地位》，湖北方志 1993 年第 6 期；城市金融 1993 年 12 期；湖北广播电台全文播出	
	《毛泽东的经济思想》，湖北人民出版社 1993 年版（主编）	
	《毛泽东：伟大的经济思想家》，中南财经大学学报 1993 年增刊	
1994	《湖北经济近代化进程与武昌起义》，收入《辛亥革命与近代中国——纪念辛亥革命 80 周年国际学术讨论会论文集》，中华书局 1994 年版（与周秀鸾合作）	
	《论太平天国实行的土地政策（补充本）》，收入《太平天国研究文集》，武汉大学出版社 1994 年版（第 59—82 页）	
	《论太平天国的城市政策（补充本）》，收入同上书	
	《湖北省太平天国史学术讨论会综述》，收入同上书（与彭南生合作）	
	《拓莽辟蓁　新意迭陈——许国新著〈时间运用论〉序》，中南财经大学学报 1994 年第 1 期	
	《毛泽东的新民主主义学说的理论地位》，中国经济史研究 1994 年第 2 期（与苏少之合作）	

续　表

年　份	成　果	备　注
	《湖北省志·工业志稿·一轻》，中国轻工业出版社 1994 年版（主编）	
	《〈阳新县志〉的两大优点》，湖北方志 1994 年第 3 期	
	《开展市场经济史的研究》，经济评论 1994 年第 5 期	
	《〈利川市志〉的特点与利川人的精神》，湖北方志 1994 年第 5 期	
	《对外开放与封闭：历史的过程与经验》，中南财经大学学报 1994 年第 6 期	
	《毛泽东经济思想的伦理特色》，载《毛泽东与中国传统文化》，武汉出版社 1994 年版	
	《首要的问题——邓小平的社会主义初级阶段理论的意义》，城市金融 1994 年第 12 期	
1995	《四十年探索的科学结晶——邓小平关于中国社会现代所处历史阶段的理论》，江汉论坛 1995 年第 1 期（与赵凌云、苏少之合作）	《四十年探索的科学结晶——邓小平关于中国社会现代所处历史阶段的理论》，摘要本收入《邓小平理论研究文库》，中共中央党校出版社 1997 年版（与赵凌云、苏少之合作）
	《经济史与经济理论的有机结合》，经济学情报 1995 年第 2 期（与李洪斌合作）	
	《毛泽东反腐倡廉的思路》，载《反腐倡廉论古今》，鄂省图内字第 96 号（与张继久合作）	
	《湖北省志·工业志（上）（下）》，湖北人民出版社 1995 年版（责任副总编）	
	《跟随历史前进——再论经济史学的研究对象》，中南财经大学学报 1995 年第 6 期	《跟随历史前进——再论经济史学的研究对象》，中国人民大学复印资料《社会主义经济理论与实践》1996 年第 2 期
1996	《楚国的货币》，湖北教育出版社 1996 年版	
	《经济史学科的发展与理论》，中国经济史研究 1996 年第 1 期	
	《学者的忧患与深思》，中南财经大学学报 1996 年第 3 期	

年 份	成 果	备 注
1997	《中国前近代史的奥秘——对日本国中村哲教授〈中国前近代史理论的重构——序说〉的评论》，中南财经大学学报 1996 年第 4 期	
	《论当代爱国主义的主要特征》，载湖北省炎黄文化研究会编：《炎黄文化与爱国主义》，1996 年印刷，鄂省图内字第 55 号（与张士建合作）	
	《建立中国经济发展学刍议》，载《发展经济学与中国经济发展》，经济科学出版社 1996 年版（与周军合作）	
	《断限、分期记述与史志关系》，湖北方志 1996 年第 6 期	
	《商品货币关系发展水平与生产结构的关系——以公元前 1 世纪前后为例》，载武汉大学"三至九世纪研究所"编：《中国前近代史理论国际学术讨论会论文集》，湖北人民出版社 1997 年版	
	《中国需要一门中国经济发展学》，经济评论，1997 年第 1 期（与周军合作）；中国人民大学复印资料《理论经济学》1997 年第 3 期	
	《何谓"复归"》，中南财经大学学报 1997 年第 1 期	
	《消除贫富分化的可贵历史遗产——孙中山"节富助贫"思想评述》，湖北社会科学 1997 年第 1 期（与邹进文合作）	
	《邓小平：开创中国经济发展新时期的伟人》，中南财经大学学报 1997 年第 2 期	
	《我们想写一部怎样的中国经济通史》，经济管理论丛，1997 年第 2 期；中国社会经济史研究 1997 年第 3 期	
	《在历史、理论、现实的结合上回答时代的呼唤》，湖北社会科学 1997 年第 4 期	
	《华章迭出，人才济济》，中南财经大学学报 1997 年第 4 期	
	《我与我的导师》，研究生学报 1997 年第 6 期	
1998	《张之洞与湖北经济的崛起》，江汉论坛 1998 年第 1 期（与周秀鸾合作）	收入《张之洞与中国近代化》，中华书局 1999 年版（与周秀鸾合作）
	《黄奕住传》，湖南人民出版社 1998 年版	
	《黄奕住对厦门城市现代化的贡献》，工商史苑 1998 年第 4 期	

续　表

年　份	成　果	备　注
	《我与导师工作》，研究生学报 1998 年第 1 期	
	《关于中国经济史上的经济增长方式》，中国经济史研究 1998 年第 1 期	
	《中国经济增长方式转变的合理道路》，大众日报 1998 年 3 月 5 日	
	《传统道德中的"和为贵"与现代企业的文化氛围》，经济与管理论丛 1998 年第 1 期；载《传统道德与企业文化》，武汉出版社 1998 年版	
	《开设"中国经济发展学"课程刍议》，云南财贸学院学报 1998 年第 4 期（与周军、陶良虎合作）	
	《跟随论与沉淀论的统一》，中南财经大学学报 1998 年第 6 期	
	《坚持速度与效益的统一至关重要》，湖北日报 1998 年 11 月 12 日	
	《开辟了中国经济发展的新阶段》，湖北日报 1998 年 12 月 10 日	
	《营造"和为贵"的文化氛围是时代的需要》，湖北社会科学 1998 年第 12 期	
1999	《扩大内需的关键在开拓农村市场》，湖北日报 1999 年 1 月 21 日（与刘永进合作）	
	《经济史学科的分类与研究方法》，中国经济史研究 1999 年第 1 期	
	《马克思学说向东方的传播与邓小平理论的历史地位》，中南财经大学学报 1999 年第 4 期	此文是"湖北省纪念党的十一届三中全会 20 周年理论研讨会"提交的论文，会议期间获中共湖北省委宣传部颁发的优秀论文奖。又收入湖北省地方志办公室编辑的《学习与探索》一书中，1998 年 11 月印刷（省图内第 101 号）
	《资料工作：科学研究真与伪的分水岭》，经济与管理论丛 1999 年第 5 期	
	《之字路及其理论结晶》，中南财经大学学报 1999 年第 6 期	中国人民大学复印资料《国民经济管理》2000 年 3 期

年　份	成　果	备　注
	《中国经济 50 年发展的路径、阶段与基本经验》，当代中国史研究 1999 年第 5、6 期合刊	
	《论邓小平理论的历史依据》，载《改革开放新实践与邓小平理论新发展》，武汉出版社 1999 年版（与马德茂合作）	
	《中华人民共和国经济史（1985—1991）》，河南人民出版社 1999 年版（主编）	
	《中华人民共和国经济专题大事记（1985—1991）》，河南人民出版社 1999 年版（主编）	
	《信史·明镜·基石——郭晖、李素华主编〈中国轻工业职工的劳动与工资史〉代序》，中国轻工业出版社 1999 年版	
	《李先念与湖北经济的恢复》，载《荆楚赤子》，中央文献出版社 1999 年版（与廖晓红合作）	
	《华侨黄奕住与 20 年代厦门城市现代化进程》，载《中国近代城市发展与社会经济》，上海社会科学院出版社 1999 年版	
2000	《创造性执行中央决定的范例——体现李先念同志领导水平的一件事》，湖北方志 2000 年第 1 期（与廖晓红合作）	
	《中国经济 50 年发展的路径、阶段与基本经验》，中国经济史研究 2000 年第 1 期	中国人民大学复印资料《经济史》2000 年第 5 期
2001	《市场化与工业化：经济现代化的两个主要层次》，中国经济史研究 2001 年第 1 期	
	《论经济现代化的层次与标志（上）——学习经济史的一点心得》，经济与管理论丛 2001 年第 1 期	
	《形散而神聚——论邓小平理论表达形式的个性与理论发展形式的多样化》，中南财经大学学报 2001 年第 1 期	
2002	《赵德馨经济史学论文选》，中国财政经济出版社 2002 年版	
	《经济史学：理论经济学的基础学科》，中南财经政法大学学报 2002 年第 3 期	《经济史学：理论经济学的基础学科》，中国人民大学复印资料《经济史》2002 年第 6 期
	《湖北省志·经济综合管理》，湖北人民出版社 2002 年版	

续　表

年　份	成　果	备　注
	《论商兴国兴》，经济与管理论丛 2002 年第 3 期；中国经济史研究 2003 年第 3 期	收入孔祥森、王森主编：《山西票号研究》，中国财政经济出版社 2002 年版
	《中国经济通史》，湖南人民出版社 2002 年版（1—10 卷主编，第二卷与范传贤、王世钰合作）	
2003	《〈张文襄公全集〉奏折部分的几个问题——兼与〈张之洞全集〉的编者商榷》，江汉论坛 2003 年第 2 期；载《张之洞与武汉早期现代化》，中国社会科学出版社 2003 年版	
	《中国近现代经济史（1842—1949）（1949—1991）》，河南人民出版社 2003 年版	
	《毛泽东经济思想的光芒》，中南财经政法大学学报 2003 年第 12 期	
2004	《论先秦货币的两种体系——从货币文化的视角考察楚国与黄河流域各国货币的异同》，江汉论坛 2004 年第 9 期	中国人民大学复印资料《经济史》2005 年第 1 期
	《长期规划　横向联合——我在建设中国经济史学科中的一些做法》，经济与管理论丛 2004 年第 5 期	
	《邓小平对经济理论的主要贡献》，中南财经政法大学报 2004 年 9 月 29 日	
	《中国迫切需要自己的经济发展学》，中南财经政法大学报 2004 年 9 月 22 日	
	《长江流域的商业与金融》，湖北教育出版社 2004 年版（与周军合作）	
2005	《1842—1984 年湖北省经济管理演变的轨迹》，中国经济史研究 2005 年第 4 期	收入温锐主编：《政府·市场与经济变迁》，江西人民出版社 2007 年版。中国人民大学复印资料《经济史》2006 年第 2 期
2006	《中国近现代经济史（1842—1949）（1949—1991）》，河南人民出版社 2006 年版	
	《"三农"：构建和谐社会的关键环节》，湖北日报 2006 年 1 月 31 日	收入《2005 年湖北论坛构建和谐湖北：发展与动力》，湖北人民出版社 2006 年版
	《百尺竿头，更进一步》，中国经济史研究 2006 年第 1 期	

续　表

年　份	成　果	备　注
	《"重中之重"是建设和谐社会的关键环节》，经济与管理论丛 2006 年第 1 期	
	《经济史学研究中区域划分的标准模式》，中南财经政法大学学报 2006 年第 4 期	中国人民大学复印资料《经济史》2006 年第 6 期。收入《汪敬虞教授九十华诞纪念文集》，人民出版社 2007 年版；收入《10 世纪以来长江中游区域环境、经济与社会变迁》，武汉大学出版社 2008 年版
	《转换思路是关键》，经济与管理论丛 2006 年第 4 期	收入《湖北新农村建设的思路与对策》，湖北人民出版社 2006 年版
	《高山仰止》，经济学家茶座 2006 年第 4 辑	收入方行主编：《中国社会经济史论丛》，中国社会科学出版社 2006 年版
	《彭南生著〈半工业化——近代中国乡村手工业的发展与变迁〉序》，中华书局 2007 年版	
2007	《1949—2002 年：走向共同富裕的两条思路及其实践》，当代中国史研究 2007 年第 2 期	英 文 版：1949—2002：Two Approaches in the Advance towards Common Prosperity and Their Respective Practices Social Sciences in China，2007（4）《中国社会科学》（英文版 2007 年第 4 期）；中国人民大学复印资料《中国现代史》2007 年第 7 期
	《张之洞全集》，武汉出版社 2008 年版	
2008	《近代湖南士商关系与湖湘文化》，载湖南省文史研究馆编：《十省三市文史研究馆湖湘文化讨论文集》，2008 年印刷	
	《周秀鸾经济史学论文选·前言》，中国财政经济出版社 2008 年版	
	《周秀鸾经济史学论文选·编后记》，中国财政经济出版社 2008 年版	
	《〈晋商信用制度及其变迁研究〉序》，山西经济出版社 2008 年版	

续　表

年　份	成　果	备　注
	《中国必须遏制"富者愈富、穷者愈穷"》，广州日报 2008 年 6 月 17 日	
	《地方经济史本地化的优势与陷阱》，当代中国史研究 2008 年第 4 期	
	《求全·求真·求准——编辑〈张之洞全集〉的做法与体会》，中南财经政法大学学报 2008 年第 4 期	
	《好字当选，快速发展——在当前阶段，以年平均增长率 7% 为宜》，载《武汉城市圈两型社会创新与建设》，湖北人民出版社 2008 年版	
	《1949—2002 年：走向共同富裕的两条思路及其实践经验》，载《荆楚文史》，湖北教育出版社 2008 年版（与之前发表同题论文内容有所不同）	
	《西汉前期的币制改革与五铢钱制度的确立（上）》，武汉金融 2008 年第 12 期（增刊）	
	《张之洞：一个认真的悲剧演员》，楚天都市报 2009 年 7 月 5 日	
2009	《宁可慢一点，但要好一点》，经济与管理论丛 2009 年第 1 期	
	《梁方仲经济史学思维方式的特征》，中国经济史研究 2009 年第 2 期（与杨祖义合作）	中国人民大学复印资料《经济史》2009 年第 5 期（与杨祖义合作）
	《中国经济发展的路径、成就与经验》，贵州财经学院学报 2009 年第 5 期（与乔吉燕合作）	
	《学科与学派：中国经济史学的两种分类——从梁方仲的学术地位说起》，中国社会经济史研究 2009 年第 3 期	中国人民大学报刊复印资料《经济史》2010 年第 1 期
	《解决结构性短缺是保障中国粮食安全的当务之急》，经济与管理论丛 2009 年第 4 期（与瞿商合作）	
	《辉煌的 60 年：新中国的经济成就》，史学月刊 2009 年第 10 期	
	《现代性的中国经济史学产生的标志》，中国经济史研究 2009 年第 3 期	
	《经济史学概论文稿》，经济科学出版社 2009 年版	
	《新中国 60 年经济发展的路径、成就与经验》，百年潮 2009 年第 10 期	

年 份	成 果	备 注
	《学者的坦荡与真诚——记与严中平、李文治交往二三事》，中国社会科学报 2009 年 11 月 12 日	
	《西汉前期的币制改革与五铢钱制度的确立（下）》，武汉金融 2009 年第 12 期（增刊）	
	《忠臣·学者·改革家——在"张之洞与中国近代化"国际学术研讨会上的发言稿》，载冯天瑜、陈锋主编：《张之洞与中国近代化》，中国社会科学出版社 2010 年版	
2010	《为何独缺联语——编纂〈张之洞全集〉札记之一》，载冯天瑜、陈锋主编：《张之洞与中国近代化》，中国社会科学出版社 2010 年版	
	《关于中国近代经济史中心线索的二三事——学习汪敬虞先生论著笔记》，载陈锋主编：《中国经济与社会史评论》，中国社会科学出版社 2010 年版	
	《简论国史分期问题》，当代中国史研究 2010 年第 1 期	
	《汤象龙——中国经济史学科的主要奠基人》，载《汤象龙先生百年诞辰文集》，西南财经大学出版社 2010 年版	
	《特殊的贡献，特殊的地位》，载《汤象龙先生百年诞辰文集》，西南财经大学出版社 2010 年版（与杨祖义合作）	
	《中国市场经济的由来——市场关系发展的三个阶段》，中南财经政法大学学报 2010 年第 2 期	中国人民大学报刊复印资料《经济史》2010 年第 4 期
	《〈经济史学评论〉发刊词》，中国社会科学报 2010 年 6 月 18 日	
	《赵德馨致汤象龙的信》，载《汤象龙先生百年诞辰文集》，西南财经大学出版社 2010 年版	
	《集刊卷首语》，载陈锋主编：《中国经济与社会史评论》，中国社会科学出版社 2010 年版	
2011	《简论史志异同》，载武建国等编《永久的思考——李埏教授逝世周年纪念文集》，云南大学出版社 2011 年版	
	《坚定跨越发展的信心——在"2011 年湖北发展论坛"上发言的摘要》，《湖北日报》2011 年 5 月 10 日第 7 版	
	《坚定信心跨越发展》，载中共湖北省委宣传部、湖北省社会科学联合会主编《2011 湖北发展论坛"十二五"湖北跨越式发展》，湖北省人民出版社	

续　表

年　份	成　果	备　注
	《一次成功的革命——从现代化角度看辛亥革命的历史意义》，中南财经政法大学报 2011 年第 6 期	
	《中国历史二城与市的关系》，中国经济史研究 2011 年第 4 期	《新华文摘》2012 年第 6 期；中国人民大学复印报刊资料《经济史》2012 第 2 期
	《诗词、曲联、格律、新论》序，载雷仲篪著《诗词曲联格律新论》，中国文联出版社 2012 年 4 月版	
2012	《让中国经济史学研究的理论色彩更浓厚一些》，中国社会经济史研究 2013 年第 1 期	
2013	《65 年的探索之路》，中国经济史研究 2013 年第 3 期	
	《史坛巨匠　学人楷模》，中国经济史研究 2013 年第 4 期	
	《"秦钱重，难用"考释》，武汉金融 2013 年第 11 期	
	《政策落实是重要条保证》，荆楚文库 2014 年 9 月第 1 期	
2014	《社会科学工作程序与规范》，湖北人民出版社 2016 年版	
2016	《寻真记——攷张之洞文献故事四则》，中国社会科学报 2016 年 10 月 27 日	
2017	《太平天国财政经济资料汇编》，上海古籍出版社 2017 年版	
	《中国近现代经济史 1949—1991》，厦门大学出版社 2017 年版	
	《经济史学的发展障碍及其解除路径——基于功能、素养、学科定位视角的分析》（与易棉阳合作），《中国经济史研究》2017 年第 4 期	
	《中国经济发展学论纲》（与易棉阳合作），求索 2017 年第 7 期	
	《求新之路——〈中国经济史研究〉31 年历程浅析》（与杨祖义合作），中国经济史研究 2017 年第 6 期	

附录 B 求学、治学经历及重要著述回顾

1949 年 9 月，考取中原大学。1950 年 1—6 月，在中原大学政治学院学习，后来在财经学院合作系学习。1951 年毕业。

1951—1953 年，留校攻读"合作社理论与历史"专业、"中国合作社理论与历史"方向的研究生，第一次接触中国经济史。1952 年开始教授中国合作社理论与历史课程。同年，在《经济周报》（国内当时唯一的学术期刊）第 20 期上发表论文《供销合作社与劳动互助组》。

1953 年，合作社系研究生毕业，留校任教。

1953 年，在中国人民大学经济史研究生班学习，师从经济学家傅筑夫教授和历史学家尚钺教授，正式接受经济史学专业教育，开启经济史学的研究之路。

1956 年，中国人民大学经济史研究生班毕业。毕业时，是唯一六个学期每门学科成绩全优的毕业生。毕业论文为《两汉的商品生产和商业》，毕业后回原校任教。

1956 年，中南财经学院经济史教研室成立，其为重要成员。

1956—1957 年，编写《中国近代国民经济史讲义》及相关参考资料。

1957 年，发表论文《对中国近代史分期的意见》（《历史研究》，1957 年第 3 期），这是在 1956 年 1 月 26 日中国人民大学科学讨论会历史分会发言的摘要，共 7000 字。其发言中所说的观点，苏联《历史问题》杂志 1956 年第 8 期做过报道。

1958 年 9 月，下放潜江县周矶农场，白日劳作，雨天、晚间治学，修改《中国近代国民经济史讲义》。同年，由其主编的《中国近代国民经济史讲义》由高等教育出版社出版。英文节译本《中国近代国民经济史英文节译本》于 1969 年由美国东西文化研究中心翻译出版，译者为 William.W.L.Wan 等。日文译本《中国近代国民经济史（上下册）》，由雄浑社于 1971 年（日本）出版，近代中国经济史研究会译，译者为池田诚、松野昭二、林要三、田尻利。

1958 年，开始编写《中华人民共和国经济史讲义（1949—1956）》与教学大纲，并在中南财经政法大学所有开设经济史的年级讲授中国近现代经济史，

这门课的内容实际上包括中国近代经济史与中华人民共和国经济史两部分。而且，他是第一个在高校开设中华人民共和国经济史课程的人。

1960年，在《学术月刊》1960年第4期发表《关于中国近代国民经济史的分期问题》，1975年发表《对中国近代史分期的意见》与《关于中国近代国民经济史的分期问题》，打破了学术界以1919年为界划分中国近代史与现代史、中国近代经济史和中国现代经济史的观点，并提出以1949年作为中国现代史、中国现代经济史、中华人民共和国经济史研究的起点。

1961—1964年，被调去参加严中平先生主持的《中国近代经济史》编写组。其间主要做了三件工作：一是研究前人关于太平天国的成果，借阅当时能借到的书。二是搜集资料。阅读当时能够搜集到的所有资料，包括已经出版的和发表的。三是根据搜集到的资料做成了一些专题研究，写成了十篇论文初稿，其中七篇在当时已基本成形，并誊写得清清楚楚，约30万字。它们分别是：一、天朝田亩制度与太平天国基本财政经济政策；二、军需的筹集与财政工作；三、太平天国占领区的农业；四、太平天国占领区的工业、商业、金融（太平天国与境外的贸易）；五、相关制度在财政经济工作中的作用；六、太平天国财政经济政策与行动对富户的影响；七、太平天国战争对清统治区财政经济的影响。

1965—1973年，在中共湖北省委理论工作领导小组办公室工作。

1973—1979年，在华中农学院政治部工作。

1982年，开始给政治经济学专业学生讲授社会科学研究工作程序课程（1984年，开始给中华人民共和国经济史专业硕士研究生讲授该课程）。

1983年，带头成立中南财经学院中华人民共和国经济史课题组。

1984年，开始招收经济史专业硕士研究生。同年10月，湖北省中国经济史研究会成立，任会长。

1985年10月上旬，主持召开湖北省中华人民共和国经济史研讨会。主要议题是建设中华人民共和国经济史学科与中华人民共和国成立30年来，特别是20世纪50年代国民经济发展中的一些重大问题。

1986年12月，中国经济史学会成立，任中国现代经济史分会副会长。

1987年3月，主持召开中华人民共和国经济史学术研讨会，提交《中华人民共和国经济史纲要》书稿。苏、杨的文章评"这次会议是中华人民共和国经济史的一次启蒙运动"。会后，中华人民共和国经济史的研究与教学工作在各地迅速展开。同年，出版《社会科学研究工作程序》（与周秀鸾合著，中国财政经济出版社出版）。

1988 年，出版《中华人民共和国经济史（1949—1966）》（主编，河南人民出版社）、《中华人民共和国经济史纲要》（主编，湖北人民出版社）、《中国近代国民经济史教程》（主编，高等教育出版社），发表《正确处理六种关系——研究中华人民共和国经济史的方法》，有力地推动了中华人民共和国经济史学科的建设与发展。

1989 年，出版《中华人民共和国经济史（1967—1984）》（主编，河南人民出版社）、《中华人民共和国经济专题大事记（1949—1966）》（主编，河南人民出版社）、《中华人民共和国经济专题大事记（1967—1984）》（主编，河南人民出版社）。

1990 年，出版《中国经济史辞典》（主编，湖北辞书出版社）、《财经大辞典·经济史分编》（主编，中国财政经济出版社）。

1991 年，发表论文《世界经济大危机与湖北农产品商品化的变化》（与班耀波合作，《中南财经大学学报》，1991 年第 5 期），提出"中国经济近代化发展的过程，从总体趋势上，是从流通领域到生产领域"（流通论），中国现代化的起始点在鸦片战争结束的 1842 年。

1996 年，出版《楚国的货币》（湖北教育出版社），是中国第一部全面研究楚国货币的专著。发表《经济史学科的发展与理论》（《中国经济史研究》，1996 年第 1 期）、《建立中国经济发展学刍议》（与周军合作，载《发展经济学与中国经济发展》，经济科学出版社 1996 年版）。

1997 年，发表《商品货币关系发展水平与生产结构的关系——以公元前一世纪前后为例》（载武汉大学"三至九世纪研究所"编：《中国前近代史理论国际学术讨论会论文集》，湖北人民出版社 1997 年版）、《中国需要一门中国经济发展学》（与周军合作，《经济评论》，1997 年第 1 期；中国人民大学复印资料《理论经济学》1997 年第 3 期转载）、《我们想写一部怎样的中国经济通史》（《中国社会经济史研究》，1997 年第 3 期）。

1998 年退休，并被中南财经大学返聘。发表《张之洞与湖北经济的崛起》（与周秀鸾合作，《江汉论坛》，1998 年第 1 期）、《关于中国经济史上的经济增长方式》（《中国经济史研究》，1998 年第 1 期）、《开设"中国经济发展学"课程刍议》（与周军、陶良虎合作，《云南财贸学院学报》，1998 年第 4 期）、《跟随论与沉淀论的统一》（《中南财经大学学报》，1998 年第 6 期）。出版《黄奕住传》（湖南人民出版社）。

1999 年，发表论文《经济史学科的分类与研究方法》(《中国经济史研究》，1999 年第 1 期）、《之字路及其理论结晶》(《中南财经大学学报》，1999 年第 6 期）、《中国经济 50 年发展的路径、阶段与基本经验》(《当代中国史研究》，1999 年第 5、6 期合刊）。

2001 年，发表论文《市场化与工业化：经济现代化的两个主要层次》(《中国经济史研究》，2001 年第 1 期）。

2002 年，出版《赵德馨经济史学论文选》(中国财政经济出版社）。发表论文《经济史学：理论经济学的基础学科》(《中南财经政法大学学报》，2002 年第 3 期，人大复印资料《经济史》2002 年第 6 期转载）、《论商兴国兴》(《中国经济史研究》，2003 年第 3 期，收入孔祥森、王森主编：《山西票号研究》，中国财政经济出版社 2002 年版）。

2003 年，出版《中国经济通史》，(1—10 卷主编，第二卷与范传贤、王世钰合作，湖南人民出版社 2002 年版）、《中国近现代经济史（1842—1949）》《（1949—1991）》(河南人民出版社）。出版《黄奕住传》英文版专著，共 250 千字。

2004 年，发表论文《论先秦货币的两种体系——从货币文化的视角考察楚国与黄河流域各国货币的异同》(《江汉论坛》，2004 年第 9 期；中国人民大学复印资料《经济史》2005 年第 1 期转载）、《中国迫切需要自己的经济发展学》(《中南财经政法大学报》，2004 年 9 月 22 日）。

2006 年，又出了一版《中国近现代经济史（1842—1949）（1949—1991）》(两册的内容均有修改，河南人民出版社）。发表论文：《经济史学研究中区域划分的标准模式》，发表于《中南财经政法大学学报》，2006 年第 4 期；收入《汪敬虞教授九十华诞纪念文集》，人民出版社 2007 年版；收入《10 世纪以来长江中游区域环境、经济与社会变迁》，武汉大学出版社 2008 年版；中国人民大学复印资料《经济史》2006 年第 6 期转载。

2007 年，在《当代中国史研究》2007 年第 2 期发表论文《1949—2002：走向共同富裕的两条思路及其实践》。

2008 年，出版《张之洞全集》(12 册）。发表论文：《1949—2002：走向共同富裕的两条思路及其实践经验》(载《荆楚文史》，湖北教育出版社 2008 年版，与之前发表同题论文内容有所不同）。

2009 年，出版《经济史学概论文稿》(经济科学出版社）。发表论文《学科与学派：中国经济史学的两种分类——从梁方仲的学术地位说起》(《中国社会经济史研究》，2009 年第 3 期），《现代性的中国经济史学产生的标志》（《中国社会经济史研究》，2009 年第 3 期）、《新中国 60 年经济发展的路径、成就与经验》（《百年潮》，2009 年第 10 期）。

2010 年，发表论文《简论国史分期问题》（《当代中国史研究》，2010 年第 1 期）、《中国市场经济的由来——市场关系发展的三个阶段》（《中南财经政法大学学报》，2010 年第 2 期）。

2011 年，发表《一次成功的革命——从现代化角度看辛亥革命的历史意义》（《中南财经政法大学报》，2011 年第 6 期）、《中国历史上城与市的关系》（《中国经济史研究》，2011 年第 4 期）。

2013 年，出版《中国近现代经济史（1949—1991）》修订本（删掉河南版 15 万字，新写了 30 万字。厦门大学出版社出版，855 千字）。

2016 年，出版《中国近现代经济史》（赵德馨原著，瞿商、张连辉改编，高等教育出版社）、《社会科学研究工作程序与规范》（湖北人民出版社）。

2017 年，出版《太平天国财政经济资料汇编》（上海古籍出版社 2017 年版），《中国近现代经济史 1949—1991》厦门大学出版社再版。

仍在进行的项目：

主持国家社会科学基金重点项目"中国经济史学理论与历史"。

主持《中国经济史大辞典》的编写工作。

主持荆楚文库项目：重编《张之洞选集》与《楚国的货币》。

附录 C 赵德馨教授研究成果被国外研究机构与图书馆收藏的情况

一、《中国近代国民经济史讲义》英文节译本、日文版、中文版

（一）*The Rise of the New People's Democratic Economy*

序　号	图书馆	地　址
1	Princeton University	Princeton, NJ 08544 United States
2	Princeton University Library	Princeton, NJ 08544 United States
3	University of Maryland Libraries	College Park, MD 20742 United States
4	Library of Congress	Washington, DC 20540 United States
5	American University	Washington, DC 20016 United States
6	Seton Hall University	South Orange, NJ 07079 United States
7	New York University	New York, NY 10012 United States
8	New York Public Library	New York, NY 10018 United States
9	Yale University Library	New Haven, CT 06520 United States
10	Cornell University Library	Ithaca, NY 14853 United States
11	University of Pittsburgh	Pittsburgh, PA 15260 United States
12	University of Massachusetts Amherst	Amherst, MA 01003 United States
13	Brown University	Providence, RI 02912 United States
14	Harvard University	Cambridge, MA 02139 United States
15	Boston University	Boston, MA 02215 United States
16	Duke University Libraries	Durham, NC 27708 United States
17	Dartmouth College Library	Hanover, NH 03755 United States
18	University of Toronto, Robarts Library	Toronto, ON M5S 1A5 Canada
19	Ohio University	Athens, OH 45701 United States

序 号	图书馆	地 址
20	Oberlin College Library	Oberlin, OH 44074 United States
21	HathiTrust Digital Library	Ann Arbor, MI 48109 United States
22	University of Michigan	Ann Arbor, MI 48109 United States
23	University of South Carolina	Columbia, SC 29208 United States
24	Michigan State University Libraries	East Lansing, MI 48824 United States
25	Central Michigan University Libraries	Mt Pleasant, MI 48859 United States
26	Chicago–Kent College of Law	Chicago, IL 60661 United States
27	University of Chicago Library	Chicago, IL 60637 United States
28	University of Illinois at Urbana Champaign	Urbana, IL 61801 United States
29	Illinois State University	Normal, IL 61761 United States
30	University of Wisconsin – Madison, General Library System	Madison, WI 53706 United States
31	Florida State University	Tallahassee, FL 32306 United States
32	Southern Illinois University at Edwardsville – Lovejoy Library	Edwardsville, IL 62026 United States
33	University of Iowa Libraries	Iowa City, IA 52242 United States
34	University of Missouri Columbia	Columbia, MO 65201 United States
35	University of Northern Iowa	Cedar Falls, IA 50613 United States
36	University of Kansas	Lawrence, KS 66045 United States
37	Southern Methodist University, Central University Libraries	Dallas, TX 75205 United States
38	Texas Woman's University Library	Denton, TX 76204 United States
39	University of Utah	Salt Lake City, UT 84112 United States
40	The University of the West Indies, Cave Hill Campus	Bridgetown, BB11000 Barbados
41	Washington State University	Pullman, WA 99164 United States
42	The Alma Jordan Library, The University of the West Indies, Saint Augustine	Saint Augustine, Trinidad and Tobago

续　表

序　号	图书馆	地　址
43	Claremont Colleges Library	Claremont, CA 91711 United States
44	University of Washington Libraries	Seattle, WA 98195 United States
45	University of Southern California	Los Angeles, CA 90089 United States
46	California State University, Sacramento	Sacramento, CA 95819 United States
47	UC Berkeley Libraries	Berkeley, CA 94720 United States
48	University of California, Davis	Davis, CA 95616 United States
49	University of California, NRLF	Richmond, CA 94804 United States
50	Stanford University Libraries	Stanford, CA 94305 United States
51	University of Oxford	Oxford, OX1 2JD United Kingdom
52	University of London, School of Oriental and African Studies	London, WC1H 0XG United Kingdom
53	University of Hawaii at Hilo	Hilo, HI 96720 United States
54	University of Hawaii at Manoa	Honolulu, HI 96822 United States
55	National Library of Israel	Jerusalem, 91390 Israel
56	The University of Auckland Libraries and Learning Services	Auckland, 1142 New Zealand
57	Institute of SE Asian Studies	Singapore, 119596 Singapore
58	Macquarie University	Macquarie University, AU-NS 2109 Australia
59	Monash University Library	Clayton, AU-VI 3800 Australia
60	University of Western Australia	Crawley, AU-WA 6009 Australia

（二）*The Development of the People's New Democratic Economy*

序　号	图书馆	地　址
1	Princeton University	Princeton, NJ 08544 United States
2	Princeton University Library	Princeton, NJ 08544 United States
3	University of Maryland Libraries	College Park, MD 20742 United States
4	Rutgers University	New Brunswick, NJ 08901 United States

序　号	图书馆	地　址
5	Library of Congress	Washington, DC 20540 United States
6	American University	Washington, DC 20016 United States
7	New York University	New York, NY 10012 United States
8	New York Public Library	New York, NY 10018 United States
9	Columbia University in the City of New York	New York, NY 10027 United States
10	Yale University Library	New Haven, CT 06520 United States
11	Cornell University Library	Ithaca, NY 14853 United States
12	Old Dominion University	Norfolk, VA 23529 United States
13	University of Pittsburgh	Pittsburgh, PA 15260 United States
14	University of Massachusetts Amherst	Amherst, MA 01003 United States
15	Brown University	Providence, RI 02912 United State s
16	Harvard University	Cambridge, MA 02139 United States
17	Boston University	Boston, MA 02215 United States
18	Duke University Libraries	Durham, NC 27708 United States
19	Middlebury College	Middlebury, VT 05753 United States
20	Case Western Reserve University	Cleveland, OH 44106 United States
21	Dartmouth College Library	Hanover, NH 03755 United States
22	University of Toronto, Robarts Library	Toronto, ON M5S 1A5 Canada
23	Ohio University	Athens, OH 45701 United States
24	Oberlin College Library	Oberlin, OH 44074 United States
25	University of South Carolina	Columbia, SC 29208 United States
26	Michigan State University Libraries	East Lansing, MI 48824 United States
27	Central Michigan University Libraries	Mt Pleasant, MI 48859 United States
28	Chicago-Kent College of Law	Chicago, IL 60661 United States
29	University of Chicago Library	Chicago, IL 60637 United States
30	Illinois State University	Normal, IL 61761 United States
31	South Georgia State College, Douglas Campus	Douglas, GA 31533 United States

序　号	图书馆	地　址
32	Southern Illinois University	Carbondale, IL 62901 United States
33	University of Wisconsin – Madison, General Library System	Madison, WI 53706 United States
34	Florida State University	Tallahassee, FL 32306 United States
35	Southern Illinois University at Edwardsville – Lovejoy Library	Edwardsville, IL 62026 United States
36	University of Iowa Libraries	Iowa City, IA 52242 United States
37	University of Missouri Columbia	Columbia, MO 65201 United States
38	University of Northern Iowa	Cedar Falls, IA 50613 United States
39	University of Minnesota, Minneapolis	Minneapolis, MN 55455 United States
40	University of Kansas	Lawrence, KS 66045 United States
41	Fort Hays State University	Hays, KS 67601 United States
42	Southern Methodist University, Central University Libraries	Dallas, TX 75205 United States
43	University of Utah	Salt Lake City, UT 84112 United States
44	Washington State University	Pullman, WA 99164 United States
45	University of California, San Diego	La Jolla, CA 92093 United States
46	University of Washington Libraries	Seattle, WA 98195 United States
47	University of California Los Angeles	Los Angeles, CA 90095 United States
48	University of Puget Sound Library	Tacoma, WA 98416 United States
49	University of Southern California	Los Angeles, CA 90089 United States
50	California State University, Sacramento	Sacramento, CA 95819 United States
51	UC Berkeley Libraries	Berkeley, CA 94720 United States
52	University of California, Davis	Davis, CA 95616 United States
53	University of California, NRLF	Richmond, CA 94804 United States
54	Stanford University Libraries	Stanford, CA 94305 United States
55	University of Oxford	Oxford, OX1 2JD United Kingdom
56	University of Hawaii at Hilo	Hilo, HI 96720 United States

序　号	图书馆	地　址
57	University of Hawaii at Manoa	Honolulu, HI 96822 United States
58	National Library of Israel	Jerusalem, 91390 Israel
59	Waseda University Library	Tokyo, 169–8050 Japan
60	The University of Auckland Libraries and Learning Services	Auckland, 1142 New Zealand
61	Institute of SE Asian Studies	Singapore, 119596 Singapore
62	National Library Board, Singapore	Singapore, 188064 Singapore
63	Macquarie University	Macquarie University, AU–NS 2109 Australia
64	Monash University Library	Clayton, AU–VI 3800 Australia
65	University of Western Australia	Crawley, AU–WA 6009 Australia

（三）*The Overall Victory of the People's New Democratic Economy*

序　号	图书馆	地　址
1	Princeton University Library	Princeton, NJ 08544 United States
2	University of Maryland Libraries	College Park, MD 20742 United States
3	Library of Congress	Washington, DC 20540 United States
4	American University	Washing ton, DC 20016 United States
5	New York University	New York, NY 10012 United States
6	New York Public Library	New York, NY 10018 United States
7	Columbia University in the City of New York	New York, NY 10027 United States
8	Yale University Library	New Haven, CT 06520 United States
9	University of Virginia	Charlottesville, VA United States
10	Cornell University Library	Ithaca, NY 14853 United States
11	Old Dominion University	Norfolk, VA 23529 United States
12	University of Pittsburgh	Pittsburgh, PA 15260 United States
13	University of Massachusetts Amherst	Amherst, MA 01003 United States
14	Brown University	Providence, RI 02912 United States

续　表

序　号	图书馆	地　址
15	Harvard University	Cambridge, MA 02139 United States
16	Boston University	Boston, MA 02215 United States
17	Duke University Libraries	Durham, NC 27708 United States
18	Middlebury College	Middlebury, VT 05753 United States
19	Case Western Reserve University	Cleveland, OH 44106 United States
20	Dartmouth College Library	Hanover, NH 03755 United States
21	University of Toronto, Robarts Library	Toronto, ON M5S 1A5 Canada
22	Oberlin College Library	Oberlin, OH 44074 United States
23	Miami University Libraries	Oxford, OH 45056 United States
24	University of South Carolina	Columbia, SC 29208 United States
25	Michigan State University Libraries	East Lansing, MI 48824 United States
26	Chicago-Kent College of Law	Chicago, IL 60661 United States
27	University of Chicago Library	Chicago, IL 60637 United States
28	Illinois State University	Normal, IL 61761 United States
29	Southern Illinois University	Carbondale, IL 62901 United States
30	University of Wisconsin – Madison, General Library System	Madison, WI 53706 United States
31	Florida State University	Tallahassee, FL 32306 United States
32	Southern Illinois University at Edwardsville – Lovejoy Library	Edwardsville, IL 62026 United States
33	University of Iowa Libraries	Iowa City, IA 52242 United States
34	University of Missouri Columbia	Columbia, MO 65201 United States
35	University of Northern Iowa	Cedar Falls, IA 50613 United States
36	University of Minnesota, Minneapolis	Minneapolis, MN 55455 United States
37	University of Kansas	Lawrence, KS 66045 United States
	KU Library	
38	Fort Hays State University	Hays, KS 67601 United States

序　号	图书馆	地　址
39	Southern Methodist University, Central University Libraries	Dallas, TX 75205 United States
40	University of Utah	Salt Lake City, UT 84112 United States
41	Washington State University	Pullman, WA 99164 United States
42	Claremont Colleges Library	Claremont, CA 91711 United States
	Claremont University Consortium	
43	University of California, San Diego	La Jolla, CA 92093 United States
44	University of Washington Libraries	Seattle, WA 98195 United States
45	University of California Los Angeles	Los Angeles, CA 90095 United States
46	University of Puget Sound Library	Tacoma, WA 98416 United States
47	University of Southern California	Los Angeles, CA 90089 United States
48	California State University, Sacramento	Sacramento, CA 95819 United States
49	UC Berkeley Libraries	Berkeley, CA 94720 United States
50	University of California, Davis	Davis, CA 95616 United States
51	University of California, NRLF	Richmond, CA 94804 United States
52	Stanford University Libraries	Stanford, CA 94305 United States
53	University of Oxford	Oxford, OX1 2JD United Kingdom
54	University of Hawaii at Hilo	Hilo, HI 96720 United States
55	University of Hawaii at Manoa	Honolulu, HI 96822 United States
56	National Library of Israel	Jerusalem, 91390 Israel
57	Waseda University Library	Tokyo, 169–8050 Japan
58	The University of Auckland Libraries and Learning Services	Auckland, 1142 New Zealand
59	Institute of SE Asian Studies	Singapore, 119596 Singapore
60	Macquarie University	Macquarie University, AU–NS 2109 Australia
61	Monash University Library	Clayton, AU–VI 3800 Australia
62	University of Western Australia	Crawley, AU–WA 6009 Australia

（四）日译版

序　号	图书馆	地　址
1	University of Pittsburgh	Pittsburgh，PA 15260 United States
2	University of Illinois at Urbana Champaign	Urbana，IL 61801 United States
3	University of Kansas	Lawrence，KS 66045 United States
4	UC Berkeley Libraries	Berkeley，CA 94720 United States
5	Waseda University Library	Tokyo，169–8050 Japan
6	Australian National University：Print Repository	Canberra，0200 Australia
7	National Library of Australia	Canberra，ACT 2600 Australia
8	University of Melbourne Library	Parkville，VIC 3010 Australia
	Baillieu Library	
9	Columbia University in the City of New York	New York，NY 10027 United States
10	University of Minnesota，Minneapolis	Minneapolis，MN 55455 United States

（五）中文原版

序　号	图书馆	地　址
1	University of Pittsburgh	Pittsburgh，PA 15260 United States
2	University of Illinois at Urbana Champaign	Urbana，IL 61801 United States
3	University of Kansas	Lawrence，KS 66045 United States
4	UC Berkeley Libraries	Berkeley，CA 94720 United States
5	Waseda University Library	Tokyo，169–8050 Japan
6	Australian National University：Print Repository	Canberra，0200 Australia
7	National Library of Australia	Canberra，ACT 2600 Australia
8	University of Melbourne Library	Parkville，VIC 3010 Australia

二、《黄奕住传》及其英文版

序　号	图书馆	地　址
1	University of Toronto，Robarts Library	Toronto，ON M5S 1A5 Canada
2	University of California，Los Angeles	Los Angeles，CA 90095 United States
3	UC Berkeley Libraries	Berkeley，CA 94720 United States
4	Stanford University Libraries	Stanford，CA 94305 United States
5	National Library Board，Singapore	Singapore，188064 Singapore

三、美国国会图书馆及哈佛大学图书馆收藏赵德馨教授著作情况

1.《赵德馨经济史学论文选》（国会图书馆）

2.《长江流域的商业与金融》（国会图书馆）

3.《中国经济通史》（国会图书馆）

4.《中国近现代经济史（1842—1949）》（国会图书馆）

5.《中国近现代经济史（1949—1991）》（国会图书馆）

6.《楚国的货币》（国会图书馆，哈佛图书馆）

7.《中华人民共和国经济专题大事记》（国会图书馆，哈佛图书馆）

8.《中华人民共和国经济史》（国会图书馆，哈佛图书馆）

9.《中华人民共和国经济史纲要》（国会图书馆，哈佛图书馆）

10.《社会科学研究工作程序》（国会图书馆）

11.《中国经济史辞典》（哈佛图书馆）

12.《黄奕住传》（哈佛图书馆）

四、赵德馨教授著作在日本的收藏情况

（一）《中华人民共和国经济史（1949—1984）》

国立国会图书馆关西馆亚洲情报室（619-0287 京都府相乐郡精华町精华台 8-1-3）

（二）《楚国的货币》

1. 学习院大学图书馆·史学

2. 国士馆大学图书馆·情报媒体中心本馆

3. 国立历史民俗博物馆图书室书库

4. 天理大学附属天理图书馆本馆

5. 东京大学东洋文化研究所图书室图书

6. 东京大学大学院人文社会系研究科文学部图书室考古

7. 东京都立中央图书馆

8. 东北大学附属图书馆本馆

9. 名古屋大学附属图书馆中央地图

10.奈良大学图书馆地图

11.山口大学图书馆综合图书馆

（三）《中国近现代经济史（1842—1949）》

1. 国立国会图书馆关西馆亚洲情报室

2. 明治大学中央图书馆

（四）《中国近现代经济史（1949—1991）》

1. 国立国会图书馆关西馆亚洲情报室

2. 京都大学经济研究所 图书室经研

3. 城西大学水田纪念图书馆

4. 东北学院大学泉校区图书馆研究所

5. 放送大学附属图书馆研究所